MUXTOROVA MAXFUZA

XURIYAT XUDOYMURODOVA

ALISHER NAVOIY IJODI IBROHIM HAQQUL TALQINIDA

Monografiya

© Muxtorova Maxfuza, Xuriyat Xudoymurodova
Alisher Navoiy Ijodi Ibrohim Haqqul Talqinida
by: Muxtorova Maxfuza, Xuriyat Xudoymurodova
Edition: October '2024
Publisher:
Taemeer Publications LLC (Michigan, USA / Hyderabad, India)

© **Muxtorova Maxfuza, Xuriyat Xudoymurodova**

Book	:	**Alisher Navoiy Ijodi Ibrohim Haqqul Talqinida**
Author	:	Muxtorova Maxfuza, Xuriyat Xudoymurodova
Publisher	:	Taemeer Publications
Year	:	'2024
Pages	:	150
Title Design	:	*Taemeer Web Design*

Xudoymurodova Xuriyat Muxiddinovna, Muxtorova Maxfuza Shavkatjon qizi /Alisher Navoiy ijodi Ibrohim Haqqul talqinida [Matn] / X.Xudoymurodova,M.Muxtorova

Mas'ul muharrir:
Bobonazar Murtazoyev

Taqrizchilar:

Normat Yuldashev
Filologiya fanlalri nomzodi, dotsent
(ichki taqrizchi)

Manzura Jo'raqulova
Filologiya fanlari bo'yicha falsafa doktori,
PhD
(tashqi taqrizchi)

Mazkur monografiya Xuriyat Xudoymurodova va Muxtorova Maxfuzalarning "Alisher Navoiy ijodi Ibrohim Haqqul talqinida" mavzusidagi magistrlik darajasini olish uchun yozilgan dissertatsiyasi asos qilib olindi. Kitob filologiya sohasida ta'lim olayotgan talabalar, tadqiqotchilar, adabiyotshunoslar, adabiyotga qiziquvchi keng o'quvchilar ommasiga mo'ljallangan.

Ushbu monografiya Termiz davlat universiteti Kengashi qarori bilan nashrga tavsiya etilgan

KIRISH

Ibrohim Haqqulning Alisher Navoiy sohasida amalga oshirgan ilmiy ishlarining salmog'i beqiyos, uni tahlil nazaridan o'tkazishning o'zi jiddiy jihatlarni taqozo etadi. Zotan Alisher Navoiy dahosi mumtoz adabiyotimizning ulkan jabhasini tashkil etishi bilan alohida ajralib turishi hammaga ma'lumu mashhur. Yuqoridagilarning o'zi tanlangan mavzuning naqadar mas'uliyatli ekanligini aniq va tiniq isbotlab turibdi, mavzu cheksiz, uning hududlari cheksiz, nihoyat keng ekanligi qat'iy belgilangan. Ushbu mavzuning o'rganilgan darajasi haqida so'z ketsa, aytish joizki, Ibrohim Haqqul faoliyati keng tadqiq etilgan olimning yetmish yoshiga bag'ishlab chiqqan "Mohiyatga muhabbat" to'plami e'tiborlidir. Unda qator yetuk olimlarning Ibrohim Haqqul haqidagi fikrlari jamlangan bo'lib, ayniqsa, O'zbekiston qahramoni Ozod Sharafiddinov, akademiklar Naim Karimov, To'ra Mirzoyev, Baxtiyor Nazarov, yetuk navoiyshunos olim Abduqodir Hayitmetov, shuningdek, O'zbekiston xalq shoiri Erkin Vohidov, O'zbekiston xalq yozuvchisi Shukur Xolmirzayev va boshqalar izhor etgan fikrlar o'z nufuzi hamda chuqur qamrovi bilan diqqatga sazovordir. To'plamdan joy olgan boshqa olimlarning fikri ham koʻp jihatdan qimmatli, chunki ularda olimning ilmiy faoliyati har taraflama kengroq tahlilga jalb etiladi. Muxtasar aytadigan boʻlsak, Ibrohim Haqqul fenomeni aytarlik yaratib boʻlingan desak, zarracha mubolagʻa qilmagan boʻlamiz. Toʻgʻri hali bu borada qilinajak ishlar koʻp, faqat uni tartibga solish, maxsus reja asosida ma'lum bir toʻxtamga kelishni zinhor unutmaslik lozim koʻrinadi.

Ibrohim Haqqul oʻz tadqiqotlarida badiiy ijodning birinchi vazifalaridan biri "insonni oʻziga tanitish, oʻzlik dunyosini obrazli shakllarda suvratlanirish... Zero, "men" uning mavjudligini ta'minlaydi. "Men" shaxsning oʻzgalarga oʻxshamaydigan xususiyatlarini aks ettiradi. Unda bandaning kuchli va kuchsiz, xususiy va umumiy tomonlari ochiladi" (2–B.4

Ayniqsa, olimning aniq ilmiy faoliyati A.Hayitmetovning "Ibrohim Haqqul" maqolasida aytarlik batafsil yoritilganligi ila oʻziga xoslik kasb etadi. Ustoz A.Hayitmetov qisqa satrlarda boʻlsa-da, Ibrohim Haqqulning muxtasar ilmiy yoʻlini aniq misollar bilan kitobxonga havola etadi. Maqola ushbu tasvir bilan ibtido topadi: "Odatda adabiyotga iste'dodli bir shoir yoki adibning kirib kelishi muhim voqea hisoblanadi. Bundan qariyb yigirma besh yil muqaddam yosh Ibrohim Haqqulning adabiyotshunoslik va tanqidchilik sohasiga kirib kelishi ham shunday

hodisalardan biri boʻlgan edi" (3 – B.13).
Navoiyshunos Ibrohim Haqqulning ilmiy faoliyatida Alisher Navoiy siymosi va ijodiy merosi markaziy oʻrinni ishgʻol etishini dalillar ila koʻrsatib berishdan iborat. Shu bois olimning hayot yoʻlini imkon qadar toʻkis koʻrsatib berishni birinchi rejaga chiqarishni maqsad va vazifamizning asliga aylantirish niyatidamiz.

Ibrohim Haqqulning Alisher Navoiy ijodiga taalluqli tadqiqotlari ma'lum ma'noda tahlil nazaridan oʻtkazilib tegishli xulosalar yasaladi. Ayniqsa, olimning samarali izlanishlarining mevasi oʻlaroq "Zanjirband sher qoshida" (1989), "Abadiyat farzandlari" (1990), "Kamol et kasbkim..." (1991), "Tasavvuf va she'riyat" (1991) singari bir qator kitoblari yaratildi. Bular olimning dastlabki izlanishlari samarasi oʻlaroq, uning el ogʻziga tushishiga omil boʻldi, albatta, shu bilan bir qatorda olimlar e'tibori va nazariga tushish ham nasib etdi. Bilamizki, olimning tadqiqot doirasi nihoyatda keng, bu borada uning zamonaviy adabiyotimiz va she'riyatimiz borasida yozgan kitob va maqolalari, izlanishlari e'tiborga loyiq.

Ibrohim Haqqulning Alisher Navoiy ijodi borasidagi izlanishlari hozirgi adabiyotshunosligimizning diqqat markazida turishining oʻzi katta yoʻnalishning boshlanishi ekanligi bilan yangilikdir. Ibrohim Haqqul tomonidan Alisher Navoiy ijodi boʻyicha amalga oshirilgan tadqiqotlarning salmog'i, kuzatuvlarining vazni, izlanishlarining o'rni, maqomi, mavqei va boshqalar xos xususiyatlarga ega. Aslida Ibrohim Haqqul uncha tushunarli va ommabop ham yozmaydi, ba'zida u hatto xoslar uchun yozadiganday bo'lib tuyuladi. Muayyan bilimi, maxsus tayyorgarligi bo'lmagan o'quvchi uning ko'pchilik maqolalarini o'qib tushunmaydi. Demak, olim o'quvchilarining didi ancha baland va u ana shu adabiyotni nozik tushunadigan va so'zni qadrlaydigan o'quvchilarni ko'zda tutib yozadi. U hech qachon o'quvchi darajasiga tushmagan, balki hamisha keng o'quvchilar ommasini o'z orqasidan ergashtirib kelgan. Ma'lum bo'ladiki, olimning o'quvchi saviyasini ko'tarish, didini tarbiyalash, ongini o'stirish, qarashlarini yuksaltirishdagi xizmatlari katta. U davr talabiga mos ko'plab maqolalari bilan keng kitobxonlar ommasini o'ziga jalb etib, ergashtirib kelayotgan nuktadon, hozirjavob va zahmatkash adabiyotshunoslarimizdan hisoblanadi.

Ma'lumki, Sharq mumtoz adabiyoti Sharq xalqlarining dunyoqarashi, og'zaki ijodi, dini, madaniyati, ma'naviy ehtiyojlari va badiiy zavqiga asoslangan. G'arb dunyosiga uni o'qib-o'rganishga qiziqishning kengayishi, hech shubhasizki, uning foydasiga xizmat qilgan. Ilmiy tadqiq va talqinda bu adabiyotning tub mohiyati, psixologik tamoyili, ramziy-majoziy tarkibini to'g'ri anglamaslik esa unga ziyon yetkazgan.

Sovet davri rus adabiyotshunosligi ta'sirida shakllangan o'zbek adabiyotshutsnosligi bunga qarshi turib, o'z nuqtai nazarini ilgari surish erkiga ham, layoqatiga ham ega bo'lmagan. Natijada o'zbek adabiyotshunoslari o'rgangan mavzu va masalalar, asosan, xorijdan o'zlashtirilgan yoki nusxa ko'chirilgan. Buning boshqa yo'li ham bo'lmagan. Chunki sinfiylik, partiyaviylik, g'oyaviylik hamma amal qilishi shart va zarur bo'lgan qonun-qoida o'laroq belgilangan chiziqdan chiqmaslikni to'la ta'minlagan.

Sharq mumtoz adabiyotida olam va odamga muhabbat Olloh va uning suyukli rasuli Muhapmmad alayhissalomga ishqdan boshlanadi. Inson o'zini bilishi va o'zligini namoyon aylashi uchun, egng avvolo, ilohiy ishq sir-asrorini bilishi va o'

Ibrohim Haqqul tarafidan Alisher Navoiy ijodining teran tahlili masalalari o'zbek adabiyotida ko'p asrlik diniy-ma'rifiy mavzudagi she'riyat rivojiga xos umumiy va xususiy jihatlarini aniqlash, umumlashma xulosalar berish ishimizning ilmiy ahamiyadan dalolat beradi.

IBROHIM HAQQUL HAYOT YO'LI VA ILMIY FAOLIYATIGA CHIZGILAR

Taniqli olim Ibrohim Haqqul hayot yo'liga nazar tashlasak ajoyib manzarlarning guvohi bo'lamiz, bu inson mumtoz adabiyotning tasavvuf ila bog'liq munosabatlari borasida salmoqli tadqiqotlar yaratgan donishmand adabiyotshunos olimdir. U 1966 – 1970 yillar mobaynida Buxoro davlat pedagogika instituti, o'zbek tili va adabiyoti bo'limida tahsil oldi, o'qishni tugatgach, "Shofirkon haqiqati" tuman gazetasida faoliyat olib bordi. Gazeta tahririyatida ishlab yurgan kezlari qator mavzulardagi maqolalarini ommalashtirdi, ayniqsa, "Daryo kabi hamisha uyg'oq", "Qalbi daryo shoir", "Mavlono Ashraf", "Shuhratli adib", "E'zozli do'stlik", "Dovruqli baxshi" kabi ilk adabiy maqolalar shular jumlasidandir. Keyingi faoliyati, ya'ni 1973 yildan e'tiboran hozirgacha 2021 yilgacha, demak oz emas, ko'p emas 48 yildan buyon o'z hayotini O'zbekiston Respublikasi FA O'zbek tili, adabiyoti va folklori instituti dargohi bilan bog'ladi. Ustozning ilmiy faoliyatiga nazar tashlasak, bu 1975 yilda "O'zbek mumtoz adabiyotida ruboiy"mavzuida nomzodlik, 1995 yilda esa "O'zbek tasavvuf she'riyatining shakllanishi va taraqqiyoti" mavzuida doktorlik dissertatsiyalarini mufavvaqiyatli himoya qildi.

Uning ilk monografiyasi "O'zbek adabiyotida ruboiy" (1981) nomli monografiya bo'lib, keyingi yillarda yaratilgan "Uvaysiy she'riyati" (1982), "Badiiy so'z shukuhi" (1987), "Zanjirband sher qoshida" (1989), "She'riyat – ruhiy munosabati" (1989), "Abadiyat farzandlari" (1990), "Kamol et kasbkim..." (1991), "Tasavvuf va she'riyat" (1991), "G'azal gulshani" (Adabiy suhbatlar, 1991), "Xoja Orif Mohitobon" (1996), "Irfon va idrok" (1998), "Tasavvuf saboqlari" (2000), "Ahmad Yassaviy" (2001), "Kim nimaga tayanadi?" (2006), "E'tiqod va ijod" (2007), "Navoiyga qaytish" (2007), "Abdulla Qahhor jasorati" (2007), "Taqdir va tafakkur" ("2007), "Meros va va mohiyat" (2008), "Ijod iqlimi" (2009) singari mumtoz va zamonaviy adabiyotning dolzarb mavzulariga bag'ishlangan 30 dan ziyod kitoblar va 300 ortiq ilmiy maqolalar e'lon qilishga ulgurdi. Olim bir qator maqolalari rus, turk, tojik, uyg'ur va ozar tillariga tarjima qilinib, Moskva, Istanbul, Boku, Dushanbe va Urumchidagi nufuzli nashrlarda dunyo yuzini ko'rdi. Muhim nuqtalardan biri shu bo'ldiki, rus tilida nashr etilgan ikki jildlik "O'zbek adabiyoti tarixi" ("Istoriya uzbekskoy literaturi", yili nashri)ning mualliflaridan biriga aylandi.

Ibrohim Haqqul ilmda xos xususiyatlarga egaligi bilan alohida ajralib turadi, uning qiziqish doirasi keng va salmoqli, mumtoz so'z san'ati, zamonaviy adabiyot, tasavvuf falsafasi muammolarigacha qiziqadi va shular borasida oʻz nuqtai nazarini ayta olish quvvatiga ega. Olim tomonidan yaratilgan Ahmad Yassaviy, Sulaymon Boqirgʻoniy, Adib Ahmad, Lutfiy, Atoyi, shoir Gado, Alisher Navoiy. Bobur, Mashrab, Ogahiy, Avaz Oʻtar haqidagi tadqiqotlari eʼtiborga loyiq.

Abu Abdulloh Rudakiy, Abu Ali ibn Sino, Adib Sobir Termiziy, Farididdin Attor, Jaloliddin Rumiy, Yunus Emro, Abdurahmon Jomiy, Muhammad Fuzuliy, Maxtumquli, Ahmad Donish, Robindranat Tagor singari Sharq adabiyotining mashhur shoirlari hayoti va ijodi toʻgʻrisida ham salmoqli maqolalar yozdi. Mansur Halloj, Abdulxoliq Gʻijduvoniy, Hoja Orif Mohitobon, Najmiddin Kubro, Bahouddin Naqshbanddek yirik tasavvuf vakillari xususida qiziqarli tadqiqotlar yaratdi. XX asr adabiyotining Sadriddin Ayniy, Abdurauf Fitrat, Abdulhamid Choʻlpon, Usmon Nosir, Gʻafur Gʻulom, Oybek, Muxtor Avezov, Abdulla Qahhor, Abdulla Oripov, Rauf Parfi, Jamol Kamol, Shukur Xolmirzayev, Neʼmat Amin kabi zabardast namoyandalaridan tortib, Usmon Azim, Erkin Aʼzam, Miraziz Aʼzam, Xurshid Davron, Tilak Joʻra, Nazar Eshonqul, Shodmon Sulaymon kabi oʻz ovoziga ega shoir-yozuvchilari ijodi ham uning tadqiq doirasidan chetda qolmadi. U qanchalik mumtoz adabiyot, tasavvuf bilimdoni bo'lsa, shunchalik zamonaviy adabiyotning nuqtadon va zahmatkash tadqiqotchisi ham.

Adabiyot haqida yozar ekan, o'rnini topib, tarix, din, tasavvuf, madaniyat, san'at, siyosat, ma'naviyat, fan bilan bog'liq fikrlarini ham mahorat bilan qistirib ketadi. Bu uning birgina adabiyot emas, balki boshqa fanlardan ham yetarli darajada xabardorligi, o'z xalqining faol fuqarosi sifatida siyosiy-ijtimoiy qarashlari mavjudligi, hayotni chuqur bilishdan dalolat beradi. U shoiru yozuvchilar ijodini turmush bilan bog'lab tadqiq etadi, fikrlarini hayotiy misollar bilan asoslaydi. Bugina emas. U o'z tadqiqotlarida Avesto, Qur'on, Injil, Talmud kabi diniy adabiyotlar, hadislar va boshqa turli diniy adabiyotlarga ham tez-tez murojaat qilib turadi. Tasavvufga oid manbalar, tazkira va manoqiblardan zarur iqtiboslar, shayxu darveshlar hayoti va faoliyati bilan bog'liq ibratli va qiziqarli hikoyat, rivoyat va naqllarni keltirish orqali maqollarining o'qishli va ta'sirchan chiqishini ta'minlaydi.

Ustoz To'ra Mirzayev to'g'ri ta'kidlaganidek, Ibrohim Haqqulning mumtoz adabiyotga doir tadqiqotlari uchun xos ikki muxim jihat e'tiborga molik birinchidan, u ajdodlarimiz merosiga ulkan muhabbat bilan yondashib, shoirlar ruhiyatiga chuqurroq kirib borishga intiladi, ikkinchidan, mavzuga bugunning talabi, davrning nigohi bilan qaraydi. Chindan ham, olimning yutug'i shundaki, u o'tmish merosidan zamonga hamohang sadolar axtaradi, mumtoz so'z san'atkorlari va tasavvuf namoyandalarini ham davrga xizmat qildiradi, ularning asarlarini bugungi kun bilan bevosita bog'lab tahlil qiladi. Bu jihatdan taniqli adabiyotshunos Sultonmurod Olimning quyidagi e'tirofi diqqatga sazovor: "U kishi Navoiy ijodi haqida ham jo'shib, bugungi hayotga bevosita bog'lab yozish bo'yicha biz tengi navoiyshunoslarni o'ziga xos tarzda ijodga chorlab turadilar. Chunki mening bir orzuim bor: Navoiy haqida yozilgan narsa bugungi adabiyot va hozirgi kun to'g'risida bitilgan adabiy tanqid namunasi kabi qiziqish bilan o'qilishi kerak. Shunday o'qilmayotgan bo'lsa, ayb Navoiyda emas, navoiyshunosda".

Ayni jihatdan Ibrohim Haqqul qariyb qirq yil mobaynida ko'targan xirmonga nazar tashlasak, uning salmog'iyu qamrovi ma'lum bo'ladi-qo'yadi: 30 ga yaqin kitob (5 tasi nashrga tayyorlangan, 2 tasi tarjima), 300 dan ziyod maqola, 50 ga yaqin adabiy suhbatlar, 10 tacha taqriz, yana u tuzgan, muharrirlik qilgan to'plamlar, ma'ruzalar, opponentliklar katta mehnat samarasi sifatida e'tiborni tortadi.

Ibrohim Haqqulning deyarli biror maqolasi yo'qki, shaxs va shaxsiyat tushunchalari tilga olinmagan bo'lsa. Kuzatishlar uning Abdulla Oripov, Usmon Azim, Shavkat Rahmon ijodiga bag'ishlangan ilk maqolalaridayoq bu masalaga e'tibor qaratganini ko'rsatadi. U hech qachon adabiy asarni uning muallifidan, muallifni esa shaxsiyatidan alohida olib qaramaydi. Bu bejiz emas. Chunki shaxsiyat kuchli, Shaxs qat'iyatli bo'lmasa, iste'dod o'zini to'la namoyon qilolmaydi. Qachonki iste'dod va shaxsiyat o'zaro muvofiq kelsa, yaxlit butunlikka erishsa, o'shandagina ijodkor o'zidan yorqin iz qoldiradi. Shuning uchun ham olim ana shunday yorqin shaxsiyatlarga alohida e'tibor beradi. Mansur Halloj, Ahmad Yassaviy, Najmiddin Kubro, Farididdin Attor, Jaloliddin Ruiy, Alisher Navoiy, Zahiriddin Muhammad Bobur, Boborahim Mashrab, Ahmad Donish, Sadriddin Ayniy, Oybek, Abdulla Qahhor kabi buyuk so'z san'atkorlari va tasavvuf arboblari hayoti va faoliyati, ilmiy-adabiy merosini tadqiq etar ekan, ularga iste'dod va shaxsiyat uyg'unligining yorqin timsollari sifatida qaraydi. Ular haqida har gal yozganida yangidan tayyorgarlik bilan kirishadi, ijodi va shaxsiyatining yangi qirralarini ochishga harakat qiladi, avvalgi fikru qarashlarini rivojlantiradi, to'ldiradi.

Albatta, adabiyotshunoslik ham – ilm. Binobarin, adabiyotshunoslik yo'nalishidagi tadqiqotlar ham nazariy fikrlarni ilmiy terminlar bilan ifodalagan holda akademik uslubda yozilishi kerak. Ibrohim Haqqul maqolalarini o'qiganda esa teran tafakkur qudrati bilan birga, yoniq qalb haroratini ham his qilib turasiz – uning yozganlari faqatgina aql va bilim mahsuli emas, ularga qalb qo'ri va ruh quvvati ham omuxta qilib yuborilgan. U o'lik til, siyqa uslubda yoziladigan adabiy maqolalarga o'zining hassos ruhi, qaynoq nafasi bilan jon va joziba baxsh etdi. Chunki hozirgi o'quvchi jonli, qiziqarli, shirali til bilan yozilgan ommabop uslubdagi yangi ma'lumotlar, teran mushohadalar, nozik kuzatishlar, oxorli fikrlar, salmoqli xulosalarga boy maqolalarni o'qishni istaydiki, Ibrohim Haqqul birinchilardan bo'lib zamonining bu haqli ehtiyojini anglab yetdi hamda adabiy-tanqidiy maqolaning jonli va o'qishli chiqishi uchun izlandi.

Aslida Ibrohim Haqqul uncha tushunarli va ommabop ham yozmaydi. Ba'zida u hatto xoslar uchun yozadiganday bo'lib tuyuladi. Muayyan bilimi, maxsus tayyorgarligi bo'lmagan o'quvchi uning ko'pchilik maqolalarini o'qib tushunmaydi. Demak, olim o'quvchilarining didi ancha baland va u ana shu adabiyotni nozik tushunadigan va so'zni qadrlaydigan o'quvchilarni ko'zda tutib yozadi. U hech qachon o'quvchi darajasiga tushmagan, balki hamisha keng o'quvchilar ommasini o'z orqasidan ergashtirib kelgan. Ma'lum bo'ladiki, olimning o'quvchi saviyasini ko'tarish, didini tarbiyalash, ongini o'stirish, qarashlarini yuksaltirishdagi xizmatlari katta. U davr talabiga mos ko'plab maqolalari bilan keng kitobxonlar ommasini o'ziga jalb etib, ergashtirib kelayotgan nuktadon, hozirjavob va zahmatkash adabiyotshunoslarimizdan hisoblanadi.

Mansur Halloj haqidagi "Analhaq nedur?" maqolasidan boshlab Ibrohim Haqqul ijodida yangi bosqich boshlandi – endi uning tadqiqotlarida adabiyot bilan falsafa o'zaro omuxta bo'lib ketdi. "Tasavvuf haqiqat va saboqlari", "Navoiy she'riyatida fano talqinlari", "Ma'ruf va orif", "Tasavvuf va Navoiy she'riyati munosabatiga doir", "Attor kashf etgan asror" kabi maqolalari haqida ham shunday deyish mumkin. Bu maqolalariuning mutafakkirlik xususiyatidan ham xoli emasligini ko'rsatsa, yozganlarida muttasil ravishda naqlu rivoyatlarga murojaat etishi, o'rni-o'rni bilan lirik chekinishlar qilishi, ayniqsa, keyingi yillarda e'lon qilgan "Ahmad kalla", "Abdulla Qahhor jasorati", "Shayton nega yig'lagan?", "Ilmni kim vositai jox etar...", "Navoiyshunos qotili kim?" kabi qator esselari Ibrohim Haqqulning yozuvchilik iste'dodidan ham bebahra emasligini ko'rsatadi. Voqean, u kishi she'rlar ham mashq qilib turadi va ijodidan namunalar matbuotda e'lon qilingan.

Ibrohim Haqqul ko'proq matn bilan iyshlaydi va ularni har tomonlama keng va chuqur tahlil qiladi. Va tabiiyki, o'zining adabiyot, ijod tabiati, mahorat sirlari, hayot haqiqatlari, adabiy jarayon, kitobxonlik, so'zni tushunish va talqin qilish, did, saviya, farosat darajalari va ularni tarbiyalash yo'llari, tafakkur va tuyg'u, badiiy tasvir vositalari va ularni qoʻllash mahorati haqidagi fikru qarashlarini ustalik bilan tahlillar qatiga singdirib ketadi.

Ibrohim Haqqul tadqiqotlari uchun xos yana bir xususiyat shunday iboratki, u badiiy yoki ilmiy asarlar tahlili, olimu adiblar hayoti va ijodi tadqiqi jarayonida Olloh va olam, olam va odam, shaxs va jamiyat, hayot mohiyati, umr mazmuni, insonlik qadr-qimmati, vaqtning gʻanimatligi kabi azaliy va abadiy mavzularga oid koʻplab mushohada-mulohazalarini ham bayon qiladi, iymon-e'tiqod, vatan, erk, hurriyat, vijdon, shaxs va shaxsiyat, mardlik, saxovat, adolat, himmat, odamiylik, ishq doʻstlik mehru shafqat, vafo sadoqat, yaxshilik halollik, kabi insoniy qadriyatlarni ulugʻlab, ularga qarama-qarshi nafs, zulm, razolat, qoʻrquv, xiyonat, e'tiqodsizlik, egrilik, tamagirlik, tuturuqsizlik, riyo, yuzsizlik, oʻgʻrilik, iste'dodsizlik, sayozlik, nodonlik, johillik kabi illatlarni muttasil ravishda mazammat qilib boradi. Shuningdek, uning tadqiqotlarida koʻplab obrazli iboralar, nozik va oʻtkir lutflari uchraydi.

IBROHIM HAQQULNING ADABIY MAQOLALARI

Ibrohim Haqqulning adabiyotga doir maqolalarida nafaqat Alisher Navoiy ijodi, balki Ibn Sino, Ahmad Yassaviy va boshqa (olam) ijodkorlar hayot yoʻli ham markaziy oʻrinni ishgʻol etadi. Olimning Ibn Sino hayot va ijodiga bagʻishlangan "Olimning badiiy olami" (1:–B.67-92) maqolasi oʻziga xos alohidalik kasb etadi. Maqolada asosan Ibn Sino (980-1037)ning badiiy ijodiga urgʻu beriladi va allomaning "Tabr qissasi", "Salomon va Ibsol" va "Hayy ibn Yaqzon" ("Uygʻoq oʻgʻli tirik"), nomli falsafiy qissalari tahlilga jalb etiladi. "Tayr qissasi" majozga asoslangan falsafiy asar, unda qushlar hayotiga doir voqealarni tasvirlash vositasida inson erki, uning hurlikka intilish gʻoyasi tevaragida fikrlar bayoni beriladi. Qissada darhaqiqat inson aqli, uning hurlikka intilishi, ozodlikka harakat qilishi va bularga erishishi yoʻlidagi harakatlari buqiyoslik olami deb baholanadi. Qissada inson va shahvat muammosi atroflicha sharhlanadi, insonning nafsga qarshi jihati va uni yenga olish qudrati masalalarining tub mohiyati chuqur va atroflicha bayon topgan. Xuddi shu mavzu va masala allomaning "Salomon va Ibsol" qissasi mazmuning hamda umumiy gʻoyasini keng qamrovda ochib berishga qaratilgan desak mubolagʻa qilmagan boʻlamiz

"Salomon va Ibsol" qissasida aka Salomon va uka Ibsol timsollari markazda turadi, Salomon o'z ukasi Ibsolning tarbiyasiga alohida e'tibor qaratib, Ibsolni ajoyib inson darajasiga yetishida xizmatini zinhor ayamaydi. Ibsol balog'atga yetgach, akasi Salomonning xotini unga xushtor bo'lib, benihoya sevib qoladi. Ibsolga yetish o'rnida Salomonning xotini ne-ne hiyla – nayranglar ishlatib, bu yo'lda hech narsadan tap tortmaydi, hatto chekinishni ham istamaydi. Oxir oqibat yanga o'z niyatiga yeta olmagach, oxiri Ibsolning joniga qasd qilishgacha borib yetadi. Biroq suiqasd fosh etilib, yanga va uning hamtovoqlari bo'lmish oshpaz va xizmatkor o'zlari jazoga mahkum etiladi.

Ibn Sinoning tag'in nasriy asari "Hayy ibn Yaqzon" bo'lib ushbu asar majozlar mujassam etilgan ajoyib asarlar sirasiga taalluqlilik aks etadi. Asar asar umumg'oyasi suhbat asosida quriladi, unda mohiyat chuqur va atroflicha yechimga qaratiladi. Barcha ilmlardan xabardor nuroniy chol va uning sayohati bog'liq voqealar asar bosh g'oyasi uchun yetakchilik qiladi. Umuman ilm va uning timsoli asosida asar g'oyasi ochib berishga harakat qilingani ochiqcha sezilib turadi va shu vosita orqali asar mazmuniga aniqlik kiritiladi.

Olim tomonidan nafaqat Ibn Sinoning arabchadagi nasriy asarlari, balki uning she'riy asarlarini ham tahlil etgan e'tiborli hodisa. Olim

Ibrohim Haqqul o'z yeuzatuvlarida Ibn Sinoning ruboiy va qit'alarini tahlil nazaridan o'tkazib, taalluqli xulosalar yasaydi, to'g'ri olim ruboiy janri xususida so'z yuritar ekan, shu o'rinda bir mubohasaga kiritib ketadi. Go'yo professorp N.M.Mallayevning "Abu Ali ibn Sino tojik xalq to'rtliklari asosida yozma adabiyotga ruboiy janrini olib kirdi..." degan. Aslida esa bu holat ozgina boshqacharoq emish, ya'ni Rudakiy emishki Ibn Sinogacha adabiyot olamiga ruboiy she'riy navini allaqachon olib kirgani ta'kidlanadi, bu juda to'g'ri, lekin xulosaning ayni shu xil darajaga olib borishi, olimlik madaniyatiga zidligini ham o'ylab ko'rish lozimligini zinhor unutmaslik lozimdir. Maqolaning keyingi o'rinlarida ruboiy va uning Ibn Sino ijodidagi o'rni va olim tomonidan yaratilgan ruboiylarni mavzui, mazmuni, mohiyati va mundarijasi bog'liq hodisalarga alohida e'tibor qaratilgani e'tiborli.

"Abadiyat farzandlari"dagi "Hikmat – ma'no gavhari" (-B: 53-60) nomli maqola Ahmad Yassaviy ijodi xususida bo'lib, olimning bu boradagi, ajoyib izlanishlaridan eng ajoyibdir. Ibrohim Haqqulning ayni Ahmad Yassaviy ijodiy faoliyati tahliliga bag'ishlangan izlanishlari alohida qimmatga egaligi ila ajralib turadi. Olimning Yassaviy ijodiga doir yana qator izlanishlarini bilamiz chunonchi, "Tasavvuf va she'riyat" (2–B.32-63) kitobidagi "Ahmad

Yassaviy" maqolasi shular jumlasidandir. Tag'in hajm jihatidan katta bir maqola "Irfon va Idrok" kitobidagi "Timsol va mohiyat" (51-B. 26-40) maqolasi ham Yassaviy she'riyati tahliliga bag'ishlanadi. Ana shu maqolalarda Yassaviy ijodiga xos tasavvufiy talqinlar va g'oyalar olami atroflicha qamrab olinadi. Olimning yuqoridagi maqolalarida Ahmad Yassaviy ijodiga xos tasavvuf g'oyalari atroflicha sinchkov tahlil etiladi. Masalan olimning "Timsol va mohiyat" maqolasida Ahmad Yassaviy she'riyati bog'liq majoz, hatto majoziy timsollar, ayniqsa, Alloh nuriga bog'liq masalalar atrofida fikr bayoni beriladi. Ayniqsa, shoirning:

Tufroq bo'lg'il, olam sani bosib o'tsin – misrasi atroflicha tahlil etilib, tegishlicha tahlil nazaridan o'tkaziladi.

Iboohim Haqqulning boshqa qator maqolalari ham mavjud masalan, olimning jumladan zikr etilgan "Abadiyat farzandlari" asaridagi "Mavlono Gadoiy" (-B. 60-67) maqolasi o'zining alohida xususiyatiga ega. Bu maqolada ma'lum miqdorda bahsli, munozarali masalalar tevaragida fikr yuritiladi. Ammo Gadoiyning chala holda yetib kelgan qasidasi bog'liq bahslar masalasi uzil-kesil hal etilmaydi, balki bahs yechimi yechilmay qoldiriladi.

Olimning aynan "Abadiyat farzandlari" kitobidan joy olgan "Ishqing oldi mandin mani" (-B.92-100) nomli maqolada Yunus Emro ijodiga,

"An'ana umidbaxsh yo'l" maqolasida Haydar Xorazmiy, shuningdek, Lutfiy, Atoiy, Navoiy va Bobur she'riyati tahlil nazaridan o'tkaziladi. Bundan tashqari "Xalq dardi – qalb dardi" (–B.122-136)da Avaz O'tar ijodi haqida so'z boradi. "Hind vijdoni" (-B.155-165) maqolasi Rabindranat Tagor hayoti va ijodiga bag'ishlangan va uning hayot yo'li atroflicha ochib beriladi. Keyingi bir maqola "Bir o'chib, so'nib... yana yonish bor..." deb nomlanadi va unda Cho'lpon va Usmon Nosir ijodiy yo'liga g'azallar beriladi, ular she'riyatining xos qirralari yetarlicha asosli ravishda chandon kuzatiladi. Maqolada inqilobning ilk kezlari va uning Turkistonga kirib kelishi, ijodkorlarning dastlabki yillarda, umuman, inqilob ila murosaga kira olmaganlari dangal so'zlanadi va qat'iy ta'kidlanadi. Olim "Cho'lpon – madaniy saviyasi yuksak san'atkor" (-B.138) yoki: "Cho'lpon she'riyati – milliy zamini juda mustahkam she'riyat" (–B.138), der ekan, Cho'lpon she'riyatining inqilobga qarshi inqilobligiga ishoradek jaranglaydi. Maqolada Cho'lponning nashr yuzini ko'rgan "Uyg'onish", "Buloqlar", "Tong sirlari" kabi she'riy kitoblarining nomlari keltiriladi (-B.139). Shoirdan keltirilgan: Dillarida g'am to'la bechoralarga yorman,
  Vaqti xush, g'am ko'rmaganlardan tamom
"... deganidek teran qalbli kishilarning nuqtai nazariga suyangan" (-B.139) degan jo'ngina

xulosa yasaladi. Misralarining mazmuniy g'oyasiga kelsak, Cho'lpon nazarda tutgan g'amli va g'amsiz, g'amnok va beg'am, pok va nopok odamlar nazarda tutilayotganiga amin bo'lasiz. Demak odamlar ikki toifaga bo'linadi, birlari xalq g'ami ila yashasa, birlari beg'amligidan ularga bugunning ham, ertaning ham, hatto kelajagini ham farqi yo'q. To'g'rirog'i xalq g'ami, millat g'ami, bilaks o'z g'amiga qanchalik befarq bo'lganidek, o'zga g'amiga umuman beparvo kishilar mavjudligiga ochiq ishora qilinmoqda.

Cho'lpon she'riyatining yetakchi g'oyasi ham yetakchi mazmun va mohiyati ham xalq – mislsiz kuch ekaniga ishoralar tez-tez uchraydi:

    Xalq dengizdir, xalq to'lqindir, xalq kuchdir,
    Xalq insondir, xalq ofatdir, xalq o'chdir...
    Xalq qo'zg'alsa, kuch yo'qdirkim, to'xtatsun,
    Quvvat yo'qkim xalq istagin yo'q etsun... (-B.140).

Demak shoirning shiori xalq va u bilan yashamoq, bosh g'oya, bosh mavzu ham, mazmun ham, mohiyat ham shoir uchun begona! Cho'lpon qo'l urgan mavzular aslida mangulikka daxldor, uning quyidagi misralarini Ibrohim Haqqul alohida diqqat bilan sharhlaydi:

    Oltinli qo'ng'izni bolalar ushlashib,
    Ip bilan ko'klarga uchirib o'ynaylar...

Qullikni sevmagan yo'qsilni ko'plashib,
Nimaga o'zining erkiga qo'ymaylar (-B.141).

Xullas, Cho'lpon she'rlarida "siqiq qafaslarda" yayray olmagani, jannat bog'lari bo'la turib ulardan ayro tushgani, tanu joni "xayol" uyasiga aylanib, "belgisiz ovchining qasdidan vahmda nafas olishini aytib hasratlar chekadi" (-B.144).

Ibrohim Haqqulning yozishicha: "A.Qodiriy, Fitrat, Cho'lpon, Usmon Nosir kabi san'atkorlariga ega adabiyot – buyuk adabiyot. Bu yozuvchilarning ijodiyotida o'lmas va parchalanmas Turkiston ruhi hokim" (-B.147).

Kel, ko'zingning yoshlarini so'rib olay,
Kel, yarali tanlaringni ko'rib olay,
to'yib olay.... –

deydi Cho'lpon. Keling, baqirmasdan, o'tkinchi da'volarga aldanmasdan, sotqinlarning nog'orasiga o'ynamasdan, Vatanning yarali tanalarini ko'rib olaylik, to'yib olaylik (–B.147). Ibrohim Haqqul yana davom etib yozadi: "Shuhratning "Yosh leninchi" gazetasida (1988 yil 18 sentabr) bosilgan adabiy suhbatda keltirilishiga, Usmon Nosir Cho'lponni "o'zbek she'riyatining podshosi" deb ta'riflab, uning "she'rlarini o'qib shoir bo'lganman" degan ekan"

(–B.147). Biz eslatgan "Bir ochib, so'nib... yana yonish bor" maqolasining davomi Usmon Nosir she'riyatiga bag'ishlanadi. Olimning aytishicha: "Ayni shu ma'nolarda Usmon Nosir Cho'lponga ruhdosh va izdosh. U Cho'lponga o'xshab davr murakkabliklarini butun ziddiyatlari bilan idrok eta olgan san'atkor" (–B.147). ana shu zaylda Usmon Nosirning "Nil va Rim" she'ri tahlil nazaridan o'tkazilib, she'r mavzuning zamini, zamoni, maskani qadimgi Rim ekani, Rim va qullar, qullarning ozodlik yo'lidagi harakati qalamga olinadi:

Erki qulfdir, hayoti qulf, bor xudolar qulf,

Kosasida suv yo'q, quruq xaltasi – non yo'q.

Botayotgan quyosh kabi rangida qon yo'q,

Ko'zida ko'z yo'q, belida bel yo'q, hayhot (–B.150).

Usmon Nosirning "Nil va Rim" dostoni Ibrohim Haqqul tomonidan o'ta sinchkov kuzatiladi, tegishli xulosalar yasaladi. Kuzatilgan asar xususida taniqli tanqidchi Ibrohim G'afurovning fikrlari ham keltirib o'tilishi juda diqqatlidir: "Men bu qadar obrazlari og'ir, zarbli she'rni kam o'qiganman... Bunday she'rlar katta shoirlarda ham sanoqli bo'ladi..." (–B.148). har ikki katta adabiyotshunosning "Nil va Rim" asari haqidagi bu qadar zalvorli fikrlari ochig'i kishini

qoyil qoldiradi va chuqur o'yga toldiradi. "Nil va Rim" haqida munaqqid I.Haqqul yozadi: "Bosqinchilik yurishlarining doimo g'alaba bilan tugashi, rimliklarga boshqa mamlakatlarning boyliklarini beomon talash, asir olingan sonsiz kishilarni qulga aylantirishga keng imkon bergan. Shu tariqa Rimda quldorlik rivojlangan" (–B.149). Shoir o'zini qullar avlodidan deydi:
Menman qullarning o'lmas avlodi,
Mana manman, u qullarning hech so'nmas yodi (–B.151).

Rimdagi teatr tomoshalari, ularda gladiotorlar (qilichbozlar)ning ishtiroki, shoirning "Rim – o'yindan o'lim kutgan jinni teatr" deganidagi xitobida Rim haqiqat mavjud. Shunga ko'ra shoir deydi:
Chapak choldi "Ey, ahmoq Rim, sevinma qonga,
Bundan boshqa xo'rlik bormi axir insonga?" (–B.153).

Ibrohim Haqqulning "Tasavvuf va she'riyat" (–T.: Adabiyot va san'at nashriyoti, 1991. -184 b.) kitobida mavzular olami turfa xilda. Uning ilk maqolasi "Tasavvuf emas zuhdu taqviyu toat..." deb nomlanadi, unda Alisher Navoiy va tasavvuf misollari qamrab olinadi. Maqola olimning marhum o'g'li G'ofurjon xotirasiga bag'ishlangan va tasavvuf masalasi hamda muammosi atrofida fikrlar bildirdi. Kitobdagi navbatdagi maqola, "Ahmad

Yassaviy" nomi ila atalib, unda Yassaviy hayot yo'li obdon yoritib berilishi jixatidan muhimlik kasb etadi. Keyingi ilmiy kuzatuv "Sulaymon Boqirg'oniy" ijodiga bag'ishlangan, unda allomaning "Oxir zamon kitobi", "Bibi Maryam kitobi" atroflicha tahlil nazaridan o'tkaziladi. Shuniggdek Sulaymon Boqirg'oniyning turli laqablari borligi ham eslatib o'tiladi, bular: Qul Sulaymon, Hakim Sulaymon, Hakim ota ular haqiqat Alisher Navoiy "Nasoyim ul-muhabbat min shamoyim ul-futuvvat"da bu ulug' zotni Hakim ota tarzida tilga olib, undan bir to'rtlik keltiradi:

    Tiki turgan butadur,
    Borganlarni yutadur.
    Borg'onlar kelmas bo'ldi,
    Magar manzil andadir –

va bu zot ulug' Ahmad Yassaviyning shoirdi ekanligi ta'kidlab o'tiladi. (–B.420). Ibrohim Haqqul tahlil davomida Sulaymon Boqirg'oniydan qator ta'sirli she'rlar ham keltirib o'tadi:

    Ollo yodi oshiqlardin xom o'lmas,
    Haqiqat er bu dunyog'a mayd qilmas

(–B. 69).

    Sening darding banga darmondin ortiq,
    Senga qul bo'lg'onni Sultondin ortiq.
    Sening yodingni aytsami ul ichinda,
    Butun ul cho'l menga bo'stondin

ortiq.

Na xush bu dunyoda imonu Qur'on,
Ne bo'lg'ay dunyoda imondun ortiq (– B.70).

Olimning adabiyotshunoslik olamiga qo'ygan ilk jiddiy qadamlari mumtoz adabiyotimiz, xususan, Alisher Navoiyning hayoti va ijodiga bevosita bog'liq edi. Buning yorqin misoli sifatida uning matbuotdagi ilk maqolalari hamda nomzodlik dissertatsiyasini (19765) esga olish mumkin. Ushbu tadqiqot o'zbek adabiyotida ruboiy janrining genezisi, uning tarixiy taraqqiyoti hamda poetikasi masalalarini tadqiq etishga bag'ishlangan. Olim unda mazkur janrning paydo bo'lishidagi tarixiy sharoit, manba va manshalari haqida chuqur kuzatishlar olib boradi. Ruboiy janrining o'zbek adabiyotida to'liq shakllanishi, asosiy janr belgilarining yaxlitlashib borish jarayonida Alisher Navoiyning alohida o'rni borligini jiddiy kuzatish va tahlillar asosida isbotlab beradi. Olimning "O'zbek ruboiyotini har tomonlama yuksak bosqichlarga ko'tarish Alisher Navoiy zimmasiga tushdi. Navoiy o'z ijodida forsiyzabon ruboiynavislarning an'analarini puxta o'zlashtirib, bu sohada milliy adabiyot erishgan yutuqlarga tayangan holda ruboiyni peshqadam janrlar qatoriga qo'shdi. Navoiy ruboiyni hayotga yaqinlashtirdi. Uni ishqiy, axloqiy, ayniqsa, falsafiy ma'nolar talqini uchun izchil va zo'r mahorat bilan xizmat qildirdi"singari xulosalari bugun ta'limning ko'pgina bosqichlaridagi darslik va o'quv qo'llanmalar sahifalarigacha kirib borgani bejiz emas.

Olim adib asarlarini janrlar kesimida jiddiy tahlil qilishga katta kuch sarflab kelmoqda. Ayniqsa, adibning lirik merosi I.Haqqulov tadqiqotlarining salmoqli qismini qamrab olgan. Ruboiydan tashqari qit'a, g'azal, muxammas, masnaviylarga oid kuzatishlar shu siraga kiradi. Ayniqsa, adib qit'alarining deyarli boshdan-oyoq tahlillari e'tiborga molik. Ma'lumki, Alisher Navoiyning qit'alari milliy pedagogik qarashlarning badiyatga o'rab berilgan go'zal namunalaridir. "Kamol et kasbkim..." (1991) kitobi ayni mana shu nuqtalarga asosiy urg'u berilgani bilan ham e'tibor qozondi. Muallif buyuk mutafakkir qit'alarining badiiy-estetik jihatlariga qanchalik diqqat qaratgan bo'lsa, uning tarbiyaviy imkoniyatlarini ko'rsatishga ham shunchalik katta kuch saflagan.

Ushbu yo'nalishda Navoiy g'azallarining kompleks tahlillari ham e'tirofga sazovordir. Adabiyotshunoslik tarixida alohida g'azallarning bu yo'sindagi tadqiqi YE.E.Bertels, N.Mallayev, A.Qayumov, A.Rustamov, A.Hayitmetov, A.Abdug'afurov, Y.Ishoqov, N.Komilov, singari olimlar, M.Shayxzoda, Oybek, E.Vohidov, J.Kamol, M.Abdulhakimov, M.Kenja sigari shoir va yozuvchilar tomonidan amalga oshirilgani yaxshi ma'lum. I.Haqqulov bu an'anani davom ettirib, adibning ko'plab g'azallarini adabiyotshunoslik va falsafa fanining so'nggi yutuqlariga tayangan holda tahlil qilib qilib berdi. Aslida ushbu yo'nalish ham I.Haqqulovning navoiyshunoslikdagi ilk qadamlaridanoq ko'zga tashlangan edi. "G'azal gulshani" buning yorqin dalili bo'la oldi. Bu kitob 1991 yilda chop etilgan. Kitob mundarijasi mumtoz adabiyotdagi g'azalchilik an'anasi, uning mohiyati va taraqqiyot tamoyillarini belgilashga qaratilgan. Garchi unda Hofiz Sheroziy, Hofiz Xorazmiy, Gadoiy, Sakkokiy, Fuzuliy, Mujrim Obid, Zavqiy she'riyati borasida gap borasida, Navoiy g'azallarining asosiy urg'u olgani bejiz emas edi. Keyinchalik esa bu yo'nalishning ham alohida e'tibor bilan davom ettirilgani kuzatildi. Olim Navoiy g'azallarining ko'pchiligini umumiy tahlilga tortgan, ulardagi tasavvuf bilan bog'liq jihatlarini maxsus tadqiq etgan edi. Shuningdek, bir qator g'azallarni maxsus tarzda tahlil qilib bergan. Bu tadqiqotlar turli gazeta va jurnallarda, "Navoiyga qaytish", "Alisher Navoiy g'azallari", "Alisher Navoiy g'azallari. Lug'at, nasriy bayon va izohlar" singari kitoblarda chop etilgan. Ularning asosiy qismi "Ishq va hayrat olami" kitobida jamlangan.

Olimning "Xamsa" asarlari tadqiqi yo'nalishidagi faoliyati ham shoyoni tahsindir. Ularda "Xamsa"ning yaxlit adabiy hodisa sifatidagi baholari ham, alohida dostonlarga munosabati ham yangi va yaxshi kuzatishlarga boyligi bilan ajralib turadi: "Xamsa"ning tag ma'nosida boshdanoxir Navoiy – mutaffakir shoir shaxsi turadi. Bu naxsiyat XV asr sharoitidagi o'zbek xalqining Vijdon ovoziga aylangandi. "Xamsa"da tasvirlangan gumanistik g'oyalar Navoiyni tarbiyalab voyaga yetkazgan Vatan va xalq ideallariga mos orzu-umidlarining she'riy ifodasidir" yoki "Majnunning o'z maqsadlariga erishish yo'li" jangovar kurashchanlik emas, kamolot yo'li. Uning dushman – zolim nafs. Navoiy aytmoqchi, to'qaydagi sherni yengishdan ko'ra nafs itini yengishni u zo'rlik deb biladi. Shu kurashda Majnun sobit va izchildir. Majnun na jamiyat, na zamon va muhit qarshisida taslim bo'lgan. Chunki u o'zligi oldida taslim emas edi. Majnun Layliga yozgan maktubida:

"Yo'qluk manga gar bo'lubturur yo'l,
Sen bor bo'lu bu yo'qqa yor o'l", – deydi.

Bu – fanologik yo'li. Fanologik esa ishqi haqiqiyning so'nggi bosqichi. Bu bosqichga ko'tarilgan oshiq ruh qo'shini o'zlik qafasidan butunlay xalos qilib, boqish hurlikka erishadi.

Navoiyshunoslikning bitta o'ziga xos jihati bor. Bu uning ichki tarmoklarga egaligi bilan belgilanadi. Rosti gap, navoiyshunos degan nom juda katta da'vo, iddao va e'tirofdir. Navoiy ijodi bilan shug'ullangan olimlarning hammasi ham bu iddaoga daxl qilolmaydi. Shunga ko'ra ularni adib lirikasini, hamsachilik an'analarini, tarixiy, ilmiy, diniy-tasavvufiy asarlarini o'rgangan olimlar sifatida tasniflash mumkin. I.Haqqulov bu jihatdan mutafakkir hayoti va ijodini yaxlit holda o'rganishga bel bog'lagan yirik navoiyshunoslar an'nalarini davom ettirib kelmoqda.

Alisher Navoiy ijodidagi yetakchi tendensiyalarni izlash va ilg'ash, ularning asl mohiyatini ilmiy jihatdan to'g'ri belgilash, tavsif va talqin qilish olim qiziqish doirasining markazida turadi. Uning ko'plab maqola va kitoblarida mana shu jihatlar qizil ip bo'lib o'tadi. "Zanjirband sher qoshida" kitobida "Navoiy aksariyat o'rinlarda nodonga dononi zid qo'yib mushohada yuritadi. Bu go'yoki qorong'ulikka qarshi yorug'lik haqida so'zlayotganga o'xshaydi".

Ibrohim Haqqulov fundamental tadqiqotlar uchun yaralgan olim. Uning "E'tiqod va ijod", "Navoiyga qaytish", "Meros va mohiyat" kabi kitoblari buning yorqin isbotidir.

Har qanday fanning ravnaqi ustoz boshlagan ishning davomchilariga, ularning bor yoki yo'qligiga bog'liq. Bu borada Ibrohim Haqqulov tayyorlagan va tayyorlayotgan yosh olimlar qatorida navoiyshunoslik fani muammolari bilan shug'ullanayotganlarining salmog'i katta ekanini e'tirof etish joiz. Ularning ustoz izidan yurib yanada kattaroq muvaffaqiyatlarga erishishlariga umid qilsa boʻladi.

Ibrohim Haqqul - Alisher Navoiy hayoti va ijodining hassos tadqiqotchisigina emas, uning tolmas targʻibotchisi hamdir. Bu yoʻnalish ham uning butun umri davomida olimga muntazam hamroh boʻlib kelayotir. Men gazeta va jurnallarning nomini sanab oʻtirmoqchi emasman, Respublikamizning istagan hududiga, istagan oliy ta'lim muasssasiga boring, uni tanimaydigan talaba yoki ziyoli topilmaydi deyish mumkin. Bu olimning auditoriyani chuqur his qilishi, turli yoshdagi kishilarning har biriga mos va munosib soʻzlarni topib gapirishining natijasi. Ulardan yigitlar ham, qizlar ham oʻquvchi ham, ishchi ham, dehqon ham, olim ham, keksalar ham, yoshlar ham oʻzi uchun naf boʻladigan jihatlarni topib olaveradi. An'anaviy navoiyxonlikda olim har gal bitta yangilik bilan keladi. Oliy oʻquv yurtlaridagi uchrashuvlarda talabalar kitoblardan oʻqib topa olmaydigan ma'lumot va tafsilotlar bilan tanishadi, kattalar shu paytgacha boshqalardan eshitmagan yangliklar oldida lol qoladi, bolalarda esa Navoiy asarlarini oʻqib-oʻrganish ishtiyoqi avj oladi. Bunga kim shubha qilsa "Alisher Navoiy. Shohbaytlar", "Ma'no va tafakkur ziyosi", "Navoiy ijodi va yoshlar tarbiyasi", "Badiiy matn va tahlil muammolari, "Shoir va orif iqboli", "Malomatiylik va Alisher Navoiy" singari maqola va ma'ruza matnlari bilan tanishib ko'rsa, yomon bo'lmaydi. Olim Alisher Navoiyning hayoti va ijodini xorijiy mamlakatlardagi targ'ibi bo'yicha ham samarali ishlarni amalga oshirgan.

U Ibrohim Haqqulning turli ilmiy janrlarda yozgan ishlari orasida shunchaki, nomigagina, yo'l-yo'lakay yozilganlari uchramaydi. Ularning barchasida yetuk adabiyotshunosning adabiyotga bo'lgan chinakam e'tiqodi, ehtiromi, samimiyati, teran tafakkuri jilolanib turadi. Bularni maroq bilan o'qiysizu, adabiyot haqida yozish oson emasligini anglab qolasiz. Tom ma'nodagi ijodkorlarni har narsani yozaverishdan asraydigan ichki bir javobgarlik hissi bor, bu so'z oldidagi, auditoriya oldidagi mas'ullik bo'lsa kerak. Qaysi janrda bo'lishidan qat'i nazar, Ibrohim Haqqul asarlarining barchasida tanlab olingan tadqiqot obyekti, asos bo'lgan material hayot, tarix, din, falsafa, san'at, psixologiya hamda mantiqiy qarashlar bilan uzviy bog'liklikda o'rganiladi. Uy-mushohada, fikr-xayolot, munozara, qiyoslash, intuitsiya, taassurot, fakt, faraz, dalil kabi vositalar bilan badiiyat mohiyatiga kirib borish Ibrohim Haqqul ilmiy asarlarini badiiyatga, aniqrog'i, essega yaqinlashtirgan omillardir. Misol uchun Ibrohim Haqqulning Jamol Kamol saylanmasiga yozgan so'zboshisidagi ayrim o'rinlarni ko'rib chiqamiz:

"Shoirning ichidagi yurti - aslida ana shu yurt. Ko'zga ko'rinmas ana shu botiniy o'lkada chin shoir nafsdan qalbga, qalbdan latiflikka, undan ruhga, ruhdan Haqqa hijrat qiladi. Va bunday shoir tilning emas - dilning, cheklanish va torlikning emas - kenglik va so'ngsizlikning quli, shaydosi bo'lib yashaydi. Mana shunda ko'ngil - olamga, olam ko'ngilga eshik ochadi. So'zni ilhom, tuyg'usi zavq, fikrni dard boshqaradi".

O'sha maqoladan yana bir ko'chirma keltiramiz: "Yolg'on ko'kdan guvillab to'kilmaydi, zaminda gurkirab o'sadi. Zero, yolg'on va riyoning "tuprog'i" inson - u birgina mana shu joyda tomir yozadi, ulg'ayadi va hosil beradi. Boshqa ko'karadigan bog'i, chorbog'i yo'q uning. Jonzotlar orasida yolg'iz insongina yolg'onni haqiqat, haqiqatni esa yolg'on deya bayon aylay oladi. Aslida, haqiqat va yolg'on o'yinlari degani o'yin yoxud, talashuv yo'q. Hamma-hammasi odam nafsi va manfaatidan tug'ilgai ziddiyat, olishuv va qahru g'azabdir".

Adabiyotshunos asarlaridagi bunday teran mushohadalar, adabiy o'ylar 2009 yilda Ergash Ochilov tomonidan to'planib, "Mushohada yog'dusi" nomi ostida chop etilgan edi. Salkam 400 betlik mazkur kitobda olimning barcha asarlari to'liq qamrab olinmagan, zotan qamrab olish ham dushvor. Sababi ko'pgina maqolalari boshdan-oxir ana, shunday adabiy o'ylar va mushohadalardan iborat. Olimning she'rni tahlil qilish uslubi tamoman boshqacha, o'ziga xos, shoirona taxayyulot va izhori dil tarziga mos.

Go'yoki bu talqinlarda shoir ruhiyatining rangin va serjilo manzaralari so'z vositasida chizilgandek. Bu xususiyat uning "She'riyat – ruhiy munosabat" asaridan so'ng yanada konkretlashdi, sayqal topdi.

Ibrohim Haqqulning adabiyotshunoslikdagi muhim xizmatlaridan biri shundaki, u badiiy asar talqinini badiiy-falsafiy ifoda yo'riqlariga yaqinlashtirdi. Alisher Navoiy ijodi olim tadqiqotlarida bosh mavzu sanaladi. Salkam qirq yildan buyon ushbu mavzuga qayta-qayta, takror-takror murojaat qiladi. Har gal Navoiy dahosining muayyan bir qirrasini kashf etadi, mutafakkir shoir erishgan yutuqlar sir-asrorlarini yangicha talqin va tahlilga tortadi. "Kamol et kasbkim...", "Zanjirband sher qoshida", "Navoiyga qaytish" kabi to'plamlari turli yillarda yozilgan bo'lsa-da, to'laligicha Navoiy ijodi poetikasi masalalarini o'rganishga qaratilgan. Shunisi e'tiborliki, yana o'nlab adabiy-tanqidiy kitoblarida turli davrda yashagan ijodkorlar asarlari tahlil qilinsa-da, ularda Alisher Navoiy badiiyati kompozitsion markaz vazifasini o'taydi: birlariga Navoiyning ustozlari, birlariga izdoshlari sifatida qaraladi.

O'tgan asrning 70- 80-yillari maktab darsliklarida hazrat Navoiyning "G'urbatda g'arib shodmon bo'lmas emish" deb boshlanuvchi ruboiysi o'ta jo'n talqin qilinardi: emishki, o'zga yurtda musofir bo'lib yurgan kishi shodmon bo'lmas qabilida. Tabiiyki, biz o'quvchilar ham asar mazmunini shu tarzda qabul qilardik. Mustaqillik arafasida Ibrohim Xaqqulning mazkur ruboiy tahliliga bag'ishlangan mazmundor maqolasi e'lon qilindi. Unda asarning ma'no qatlamlari, muallifning ilgari surgan poetik g'oyasi tasavvuf ta'limoti nuqtai nazaridan juda zukkolik bilan tahlil qilingan va chindan ham bu talqinda hazrat Navoiyning mutafakkir shoir ekanligi ilmiy asosini topgan edi.

Ibrohim Haqqulgacha bo'lgan adabiyotshunoslikda tasavvuf to'g'risida deyarli ma'lumot berilmasdi. Navoiy ijodini o'rganish ham davr mafku-rasiga muvofiq yuzakiroq edi, sotsrealizmga "yot" hisoblangan boblar qisqartirib nashr etilar, tahlilda umumiy mulohazalar va yakranglik ustunlik qilardi. Komil ishonch bilan aytish mumkinki, adabiyotshunos asarlari bilan tasavvuf ta'limoti orqali mumtoz she'riyat tahliliga yo'l ochdi.

Saksoninchi yillardagi zamonaviy she'riyat, to'qsoninchi yillardagi mumtoz adabiyot va tasavvufni o'rganish, matnshunoslik masalalariga bag'ishlangan bahslar va davra suhbatlaridagi dadil chiqishlari aslida uni keng jamoatchilikka tanitdi. Nuriddin Shukurov, Ibrohim G'afurov, Narzulla Shodiyev kabi o'shanda davr adabiy jarayonida yetakchi mavqega ega bo'lgan adabiyotshunos munaqqidlar bilan dadil bahsga kirishgan, Jumaniyoz Jabborov, Husniddin

Sharipov, Normurod Narzullayev, E'tibor Oxunova, Mashrab Boboyev, Razzoq Abdurashid, Olimjon Xoldor, Otayor, Bolta Yoriyev, Safo Ochil, Ikrom Otamurod, Tursun Ali singari ancha-muncha taniqli shoirlarni badiiy jihatdan sayoz to'plamlari va she'rlarini qator maqolalarida qat'iyat bilan ayamay tanqid qilib chiqqan edi. Ahmad Yassaviy, Sulaymon Boqirg'oniy Adib Ahmad Yugnakiy, Atoyi, Lutfiy, Gadoiy, Alisher Navoiy, Zahiriddin Muhammad Bobur, Boborahim Mashrab, Uvaysiy, Muhammadrizo Ogahiy, Ahmad Donish, Avaz O'tar kabi o'zbek mumtoz so'z san'atining biror-bir zabardast namoyandasi yo'qki, u haqda Ibrohim Haqqul tadqiqot olib bormagan bo'lsa! Abu Abdulloh Rudakiy, Abu Ali ibn Sino, Umar Xayyom, Adib Sobir Termiziy, Farididdin Attor, Jaloliddin Rumiy, Yunus Emro, Abduraxmon Jomiy, Muhammad Fuzuliy, Mirzo Abdulqodir Bedil, Maxtumquli, Robindranat Tagor singari Sharq adabiyotining mashhur shoirlari hayoti va ijodi to'g'risida ham salmoqli maqolalar yozdi Vilyam Shekspir, Bualodek G'arb adabiyotining buyuk namoyandalari asarlari ham uning tadqiq doirasidan chetda qolmadi. Mansur Halloj, Abdulxoliq G'ijduvoniy, Xoja Orif Mohitobon, Najmiddin Kubro, Muhyiddin ibn Arabiy, Bahouddin Naqshbanddek yirik tasavvuf vakillari xususida qiziqarli tadqiqotlar yaratdi. XX asr adabiyotining Sadriddin Ayniy, Abdurauf Fitrat, Abdulhamid Cho'lpon, Usmon Nosir, G'afur G'ulom, Oybek, Muxtor Avezov, Abdulla Qahhor, Ramz Bobojon, Abdulla Oripov, Rauf Parfi, Jamol Kamol, Shukur Xolmirzayev, Ne'mat Amin kabi zabardast namoyandalaridan tortib, Usmon Azim, Erkin A'zam, Miraziz A'zam, Xurshid Davron, Tilak Jo'ra, Usmon Qo'chqor, Nazar Eshonqul, Shodmon Sulaymon kabi zabardast va o'z ovoziga ega shoir-yozuvchilari ijodiga bag'ishlab go'zal va teran maqolalar yozdi. U qanchalik mumtoz adabiyot, tasavvuf bilimdoni bo'lsa, shunchalik zamonaviy adabiyotning nuktadon va zahmatkash tadqiqotchisi ham.

Nafaqat Sharq, balki G'arb adabiyotining ham biror buyuk namoyandasi yo'qki, uning ijodidan Ibrohim Haqqul bexabar bo'lsa: u haqida fikr bil-dirmasa, ijodiga munosabatini ifodalab, asarlaridan misollar keltirmasa, go'zal va teran hikmatlaridan iqtiboslar olib, mushohadalarini asoslamasa! Vilyam Shekspirning Jamol Kamol tarjimasidagi uch jildlik "Saylanma"siga yozgan salmoqli so'zboshisi uning buyuk ingliz dramaturgi badiiy olamiga qanchalik chuqur kirib borgani, mahorati sirlarini qanchalik hassoslik bilan ochganining yorqin dalilidir. Yoki u Lev Tolstoy va Fyodor Dostoyevskiy ijodini manaman degan tolstoyshunos yoki dostoyevskiy-shunosdan kam bilmaydi, Onore de Balzak, Charlz Dikkens romanlari haqida yuritgan asosli mulohazalari uning G'arbning yetuk romannavislari ijodidan ham bebahra emasligini ko'rsatadi. Umuman, maqolalaridagi teran mulohazalar, ohorli fikrlar, asosli xulosalardan uning nafaqat Sharqu Fapb she'riyati, balki nasri, tarixi, ilmi, madaniyati, falsafasi, siyosatidan ham yetarli darajada xabardor ekanligi ma'lum bo'ladi.

Adabiyot haqida yozar ekan, o'rnini topib, tarix, din, tasavvuf, madaniyat, san'at, siyosat, ma'naviyat, fan bilan bog'liq fikrlarini ham mahorat bilan qistirib ketadi. Bu uning birgina adabiyot emas, balki boshqa fanlardan ham yetarli darajada xabardorligi, o'z xalqining faol fuqarosi sifatida siyosiy-ijtimoiy qarashlari mavjudligi, hayotni chuqur bilishidan dalolat beradi. U shoiru yozuvchilar ijodini turmush bilan bog'lab tadqiq etadi, fikrlarini hayotiy misollar bilan asoslaydi. Bugina emas. U o'z tadqiqotlarida Avesto, Qur'on, Injil, Talmud kabi diniy adabiyotlar, hodislar va boshqa turli diniy adabiyotlarga ham tez-tez murojaat qilib turadi. Tasavvufga oid manbalar, tazkira va manoqiblardan zarur iqtiboslar, shayxu darveshlar hayoti va faoliyati bilan bog'liq ibratli va qiziqarli hikoyat, rivoyat va naqllarni keltirish orqali maqolalarining o'qishli va ta'sirchan chiqishini ta'minlaydi.

Olimning bilim doirasi shunchalik keng, tafakkur miqyosi shunchalik bepoyon, tadqiqot mavzulari shunchalik rang-barang. Bu tadqiqotlar na davr-lar, na adabiy oqimlar, na uslubiy yoʻnalishlar, na adabiy tur va janrlar boʻyicha chek-chegarani biladi: u she'riy, nasriy, dramatik turdagi asarlarni ham, ilmiy, tarixiy, falsafiy, diniy, tasavvufiy tadqiqotlarni ham birday tahlil qilib ketaveradi. Ma'naviyat, musiqa, hatto ijtimoiy hayot muam-molari haqida ham uning oʻziga xos mustaqil fikru mulohazalari mavjud hamda ularni matbuotdagi chiqishlari va suhbatlarida qat'iyat va shijoat bilan bayon qilgan. Til jihatidan ham ularning qamrovi keng: oʻzbek, rus, fors, tojik, turk, ozarbayjon, turkman, uygʻur olimu adiblarining asarlarini asliyatda oʻqiydi va ular haqida tadqiqotlar yaratadi, ilmiy ishlarida ijod namunalaridan mahorat bilan foydalanadi.

Shu tariqa, u yangi davr talabiga muvofiq adabiyotshunoslik ilmini chuqurlashtirdi: oʻzbek adabiyoti ham jahon soʻz san'atining ajralmas qismi ekanligi, binobarin, jahon soʻz san'atining mumtoz va zamonaviy durdonalari, dunyo adabiyotshunoslik ilmi natijalaridan xabardor boʻlmay, jahon badiiy tafakkuri miqyosida fikr yuritmay turib hozirgi kunda adabiyot ilmi bilan ham shugʻullanib boʻlmasligini muttasil talab va targʻib qilibgina qolmay, oʻzining milliy adabiyotimiz namunalari jahon adabiyoti kontekstida olib oʻrganilgan maqolalari bilan buni amalda isbotlab ham kelayapti. Binobarin, "uning o'zbek adabiyoti namunalarining ayrim faktlarini goh fors-tojik, goh Yevropa, goh rus adabiyotidagi fakt va holatlar bilan, yonma-yon qo'yib, qiyoslab, ular haqida fikr-mulohaza yuritishi ijobiy hodisadir".

Ustoz To'ra Mirzayev to'g'ri ta'kidlaganidek, Ibrohim Haqqulning mumtoz adabiyotga doir tadqiqotlari uchun xos ikki muhim jihat e'tiborga molik; birinchidan, u ajdodlarimiz merosiga ulkan muhabbat bilan yondashib, shoirlar ruhiyatiga chuqurroq kirib borishga intiladi, ikkinchidan, mavzuga bugunning talabi, davrning nigohi bilan qaraydi. Chindan ham, olimning yutug'i shundaki, u o'tmish merosidan zamonga hamohang sadolar axtaradi, mumtoz so'z san'atkorlari va tasavvuf namoyandalarini ham davrga xizmat qildiradi, ularning asarlarini bugungi kun bilan bevosita bog'lab tahlil qiladi. Bu jihatdan taniqli adabiyotshunos Sultonmurod Olimning quyidagi e'tirofi diqqatga sazovor: "U kishi Navoiy ijodi haqida ham jo'shib, bugungi hayotga bevosita bog'lab yozish bo'yicha biz tengi navoiyshunoslarni o'ziga xos tarzda ijodga chorlab turadilar. Chunki mening bir orzuim bor: Navoiy haqida yozilgan narsa bugungi adabiyot va hozirgi kun to'g'risida bitilgan adabiy tanqid namunasi kabi qiziqish bilan o'qilishi ke- rak. Shunday o'qilmayotgan bo'lsa, ayb Navoiyda emas, ...navoiyshunosda".

Ibrohim Haqqul esa Navoiyni xalqqa yaqinlashtirish barobarida xalqni ham Navoiyni anglash sari boshladi. O'z tadqiqotlari orqali Navoiy va zamon orasidagi masofani qisqartirdi. Ibroxim Haqqul mumtoz adabiyotni o'quvchi ko'ngliga singdirish yo'li va usulini topdi – uning muvaffaqqiyati va kitoblarining shuhrati shunda. Bir umr Navoiy ijodi bilan shug'ullanib kelgan Ibrohim Haqqul umrining yetuklik pallasida kutilmaganda "Navoiyga qaytish" turkumida kitoblar e'lon qila boshladi. Iste'dodli olim va navqiron yigit Ibrohim Haqqul mazkur 30 yil da-vomida nafaqat O'zbekistonda, balki butun turkiy dunyoda ham e'tirof etilgan yirik adabiyotshunos va navoiyshunos olimga aylandi. Uning o'nlab kitoblari va yuzlab maqolalari mamlakatimiz va xorijda chop etildi. Bu yillarda Ibrohim Haqqulning Toshkentda O'zbekiston Fanlar akademiyasi Til, adabiyot va folklor institutining ilmiy kengashlari yoki turli tadbirlarida so'zlagan nutqlaridan boshlab, xorijiy davlatlarda o'tkazilgan ko'plab xalqaro ilmiy konferensiyalarda irod etgan ma'ruzalarigacha ilmiy jamoatchilik o'rtasida o'ziga xos bir hodisaga aylandi. Nazarimda, bu ma'ruzalarni faqat bunday 50-60 yil muqaddam adib Abdulla Qahhor so'zlagan mashhur nutqlarga qiyoslash mumkin. Ana shunday ma'ruzalarning ko'pchiligini eshitish baxtiga men ham o'zimizda va xorijda ko'p marta muyassar bo'lganman. Xususan, kuni kecha, ya'ni 2019 yil 5 va 8 fevralda Navoiy va Toshkent shaharlarida ulug' mutafakkir shoir Alisher Navoiy hazratlari tavalludiga bag'ishlab o'tkazilgan an'anaviy xalqaro va respublika konferensiyalarida Ibrohim akaning ana shunday purma'no va mag'zi to'q so'zlarini yana bir bor tinglaganim hamda yirik navoiyshunos olimning ilmiy mulohazalaridan tashqari bugungi jarayonlardan qoniqmayotganligini ochiq aytishi ayni paytda mening ham ko'nglimda vulqon kabi portlayotgan fikrlar bilan hamohang bo'lganligi alalhaqiqat rost.

Bizning xos davralarda yoki o'zaro muloqot davrida kechgan inja suhbatlarimizning o'zi esa katta bir tarix...

Shu o'rinda Ibrohim akaning qutlug' 60 yoshlik yubileyi nishonlangan 2009 yil mart-aprel oylarida bo'lgan ayrim voqealarni eslatib o'tmoqchiman.

2009 yil 28 mart kuni Ibrohim Haqqul 60 yoshga to'ldi. O'sha kuni Toshkentda Alisher Navoiy nomidagi Til va adabiyot institutida hamda uning uyida zabardast olimning to'yi nishonlandi. Uzoq-yaqindan kelgan do'stu birodarlar, shogirdlar Ibrohim akani tabriklash baxtiga muyassar bo'lishdi. Buni qarangki, o'sha kuni men Toshkentdan olisda, Yevropa va Osiyo qit'alarini o'zaro birlashtirgan Istanbul shahrida ilmiy safarda edim. Istanbul Marmara dengizining har ikki sohili va Bosfor bo'g'ozida joylashgan dunyoning muazzam shahari hisoblanadi. Shaharning aynan Marmara atrofidagi "O'zbek otel" (sobiq O'zbeklar takyasi)da buxorolik mashhur davlat arbobi Usmon Xo'janing farzandi professor Temur Xo'jao'g'li va doktor Ahad Andijon hamda Istanbuldagi "Turkiston birligi jamiyati" (boshqoni: Akbar Yassa) faollari bilan bo'lgan va uzoq davom etgan ziyofat oqshomida aynan Ibrohim Haqqul nomi va tavallud kuni eslandi. Biroq o'sha paytda yurtimizda Turkiyaga bo'lgan munosabatning chatoqligi, u yerdan qilinadigan har bir telefon qo'ng'irog'i maxsus idoralar tomonidan tinglanishi sababli biz (eng avvalo men) Ibrohim akani hatto telefon orqali ham tug'ilgan kuni bilan qutlay olmadik.

Men uch kundan so'ng Toshkentga qaytdim. Aprel oyining boshlarida Buxoro davlat universiteta tarix fakulteti dekani dotsent Umar Rashidov hamda Navoiy davlat pedagogika instituti kafedra mudiri professor Sulaymon Inoyatovlarning da'vati bilan Buxoro va Navoiy shaharlaridagi universitet va pedinstitutga dars berish va ma'ruza o'qish uchun jo'nab ketdim.

Olimning salohiyati undagi tafakkur qudratining qay darajada ekanligi bilan o'lchanadi. Lekin bu o'lchov ham yuksak bilim sohibining sura-ti va siyratini bir butun holida boricha namoyon eta olmasligi mumkin. Chunki haqiqiy olim har tomonlama shunday shakllanib boradiki, oxir-oqibatda bir o'lchovga sig'may qoladi. Mana shu sig'maslikning zamiridan olim shaxsini yuksaltiruvchi fazilatlar bo'y cho'zadi. Agar bu fazilatlar fan ravnaqi, el manfaati va inson kamoloti uchun yo'naltirilgan bo'lsa, tafakkurning kuch-qudrati jamiyat taraqqiyotiga o'z ta'sirini o'tkazishdan to'xtamaydi.

Mana shunday ezgu maqsadda qalam tebratayotgan olimlardan biri, taniqli adabiyotshunos Ibrohim Haqquldir. Fozilu ulamolar yurti ko'hna Buxoro zaminida o'sib ulg'aygan olimning hayoti va faoliyati yana bir muqaddas zamin ko'hna Shosh - shahri azim Toshkent bilan bog'langan. Balki bunda ham bir hikmat bordir. Chunki bu ikki muqaddas zamindan ne-ne ulug' zotlar yetishib chiqmagan deysiz. Mana shunday muhitdan ruhiy quvvat olishning o'zi ham olimning shakllanishida alohida ahamiyat kasb etgan bo'lgan bo'lsa, ajab emas.

Ibrohim Haqqul tan olingan olimlar sirasiga kiradi. Adabiyotpgunosligimizning zabardast vakillaridan biri, O'zbekiston qahramoni Ozod Sharafiddinov o'zining "Fikr erkinligi – zarur ehtiyoj" nomli "Adabiyotshunos Ibrohim Haqqulga ochiq xat"ida yozadi: "Avvalo shuni aytmog'im kerakki, men birinchi qadamlaringizdanoq ijodingizni juda katta qiziqish bilan kuzatib kelaman. Meni maqolalaringiz va kitoblaringizdagi teranlik, mulohazalar hamda xulosalarning chuqur bilimga asoslanganligi, fikrdagi, ilmiy tafakkurdagi dadillik va nihoyat, har bir sahifadan barq urib turadigan samimiyat oʻziga jalb qilardi. Ayniqsa, Alisher Navoiy haqidagi tadqiqotlaringiz, uning bir qator gʻazallariga bergan tahlillaringiz, tasavvuf borasidagi izlanishlaringiz sizni adabiyotshunosligimiz sohasida oldingi oʻrinlarga olib chiqdi. Siz xalqimiz oʻrtasida mumtoz adabiyotimizning yetuk va barkamol tadqiqotchisi hamda targʻibotchisi sifatida tanildingiz" (OʻzAS gazetasi, 2004 yil 14 may, 19-son). Ushbu xat Ibrohim Haqqulning "Abdulla Qahhor jasorati" maqolasi munosabati bilan yozilgan. Ayniqsa, shu maqolada Ibrohim akaning ezgu dardlari, armonlari, qolaversa, chinakam olimlik qiyofasining bir qator muhim belgilari koʻzga yaqqolroq tashlangan edi. "Gapning indallosini aytsak, - deb boshlanadi maqola, - adabiyotimizning mustaqillikdan keyingi qiyofasini men boshqacha tasavvur qilganman. Istiqlol adabiyoti – haqiqat adabiyoti, shijoat adabiyoti, havasga arzigulik hurriyat va ma'rifat adabiyoti oʻlaroq shakllanadi, deb uylaganman. Yurti ozod, tili, dili erkin ijodkor nega mutelik, ojizlikka koʻnsin? Yolgʻon va tilyogʻlamalikka na hojat? Sayozlik, maddohlik, ofarinbozlikdan ijod ahli har qalay xalos boʻlar, deb umid qilganman.

Iste'dodsiz ijodkorlar, yaroqsiz asarlarning yo'li to'silishiga ishonch bo'lgan menda" ("Tafakkur"jurnali, 2004 yil 2-son, 28-47-betlar). Biz maqolaning butun bir ruhini belgilovchi aynan shu joyni bekorga keltirmadik. Chunki olimning o'ziga xos, boshqalardan ajralib turuvchi muhim bir xususiyati, adabiyotimizning pokligi va taraqqiyoti uchun qayg'urishdir, jonkuyarlikdir. Ibrohim akadagi bu jonkuyarlik uning dast-labki ijodidanoq boshlangan desak, mubolag'a bo'lmaydi. Olimning o'zi yuqoridagi maqolada ijodining ilk boshlanish davrlari haqida ham quyidagilarni qayd qilib o'tgan edi: "Men ham nimanidir yozgim, qay bir kitoblarga munosabat bildirgim kelar, ammo yozishga qiynalardim, bordiyu yozsam ham qoniqmasdim. Shunda Abdulla Qahhorni bir necha bor o'qiganim "Yoshlar bilan suhbat" va olti jildligining oxirgisidagi o'zimga juda yoqqan maqolalarni ko'chirib yozishga kirishdim... shundan so'ng nainki tanqid - adabiyot, badiiylik, iste'dod va haqiqat to'g'risidagi fikrlarim ham tiniqlashdi. Shunda men Abdulla Qahhor tanqidchilarning donishmand ustozi ekanini, uning saboqlariga rioya qilish, g'oyaviy-estetik talablarini bajarish bag'oyat qiyinligini bildim". Shundan ham anglashinib turibdiki, olimdagi qayg'urish hissi o'sha yillardayoq ulug' ustozlardan yuqdi hamda o'qib izlanish orqali o'sib borgan did, saviya darajasi ham badiiy asarlarga talab-chanlik bilan munosabatda bo'lishga undadi. Talabchanlik bora-bora dadillikka, dadillik esa adabiyot maydonlaridagi achchiq haqiqatlardan ogoh etib turishga olib keldi. 1987 yilda nashr qilingan "Badiiy so'z shukuhi" nomli dastlabki adabiy-tanqidiy maqolalari to'plamida: "She'riyatni" "kundalik yovg'onga", "kichkina dunyoga" oshno etganlar, afsuski, keyingi yillarda oz bo'lmadi. She'riyat ularning qo'liga aytarli "hirslar, tamalar" vositasiga aylandi. Shular she'riyatning ko'zia xas tashlaganlar", - deb kuyungan (205-bet), yigirma yildan so'ng chop etilgan "Taqdir va tafakkur" kitobida yana shunday fikrlarni yozadi: "She'riyat tarixining hamma davrlarida she'r yozadigan iqtidorli, iqtidorsiz qofiyabozlar ko'p bo'lgan: birlari shuhrat va shaxsiy manfaatlarni ko'zlab she'rbozlik qilishgan, yana boshqalari qo'rqoqlik va e'tiqodsizlikdan iste'dodini maddohlik bilan xarob etishgan" (194-bet). Ha, bu kabilar adabiy muhitga noxush ta'sir o'tkazibgina qolmay, eng achinarlisi kitobxon saviyasini pasaytirib yuboradi, qiziqishini so'ndira boradi, nihoyat, adabiyotning ta'sir kuchini susaytirib tashlaydi. Shuning uchun ham Ibrohim akadagi mana shu salbiy holatga qarshi jonsaraklik ijodining boshlanishida kurtak yoygan bo'lsa, bora-bora u bir daraxt kabi mustahkam ildiz otdi. Bu esa, albatta, mumtoz adabiyotning ulug'vor zaminida ter to'kish zahmati ila shakllanganligi tabiiy.

"Buyuk san'atkor - inson aqli va qalbiga teran ta'sir o'tkaza olgan ruh allomasi", - deb anglagan olim Yassaviy, Navoiy, Bobur, Mashrab, Ogahiy, Uvaysiy, Avaz O'tardan tortib Cho'lponu Oybekkacha; Rudakiy, Attor, Rumiy, Yunus Emro, Jomiy, Fuzuliy, Mahtumqulidan tortib Robindranat Tagorgacha; Lev Tolstoy, Dostoyevskiy, Shekspir, Balzak kabi daholar ijodiga murojaat etdi. Bular o'zbek va Sharq rus va G'arb badiy tafakkur dunyosining yuksak cho'qqilaridir. Manashu yuksakdan turib nazar tashlash va baho berish, yuksakdan turib qayg'urish, hozirgi ijodkorlarni ham yuksaklarga chorlash - bularning barchasi olimning o'zini ham yuksaltirdi.

Adabiy tanqid har bir tanqidchining o'zi qiziqadigan sohasi bo'lishi bilan ajralib turdi. Masalan, H.Yoqubov Oybek ijodi, L.Qayumov Hamza hayoti va ijodi, Izzat Sulton realizm masalalari, M.Qo'shjonov nasr, H.Abdusamatov hajviyot, Komil Yashin ijodning umumiy masalalari va dramaturgiya muammolari, S.Mamajonov she'riyat, G'afur G'ulom ijodi, U.Normatov hikoya va roman, O.Sharafiddinov va I.G'afurov she'riyatda mahorat masalalari bilan ko'proq shug'ullandilar va hokazo. Har bir yirik tanqidchi o'zi tanlagan sohaning yetuk mutaxassisi bo'lib qoldi. Shu nuqtai nazardan qaraganda, I.Haqqulov mumtoz adabiyot tarixining, tasavvuf ilmining bilimdoni, yassaviyshunosdir. Olimning aksariyat tadqiqotlari shu mavzuda. Shu bilan birga u hozirgi adabiy jarayonning sergak kuzatuvchisi, Cho'lpon, Oybek va A.Qahhor haqida cho'lponshunos, oybekshunos va qahhorshunos olimlar orasida o'z so'zini ayta oladigan tanqidchilardan hisoblanadi.

I. Haqqulov Cho'lpon ijodi bilan alohida shug'ullanmagan bo'lsa-da, mustaqillik yillarida o'zbek olimlaridan birinchilardan bo'lib, shoirning she'rlarini to'plab, "Bahorni sog'indim" (1988) nomi bilan chop ettirdi. Cho'lpon ijodi haqidagi bahsu munozarlarga faol ishtirok etib, ayrim maqolalari bilan cho'lponshunoslikni boyitishga xizmat qildi. Uning maqolalari o'zining salmog'i, mazmun-mohiyati, qo'yilgan muammoning yechilishi va ahamiyati bilan kitobxon diqqatini tortadi. "Qutulish yulduzi yo'qlikka kirmas" deb nomlangan maqola Cho'lponing "Baljivon" she'ri tahlili va talqiniga bag'ishlangan.

Bu yirik maqolaga Cho'lponning "Ket, yo'qol ko'zimdan haqiqat, yo'qol..." misralari epigraf qilib olingan. "Cho'lponning din va millat hurriyati yo'li da jihodga kirishgan vatanparvarlar harakatiga katta umid bog'laganligini isbotlovchi eng xarakterli dalillaridan biri "Baljivon" nomli she'ri hisoblanadi, - deb yozga munaqqid bu she'r shoirning hech qaysi to'plamiga kirmaganligi, bizning matbuotimizda ham hech qachon chop etilmaganligi, o'zbek adabiyotshunosligida uning nomi deyarli tilga olinmay kelin-ganligini ta'kidlaydi, Buning ustiga tanqidchi Cho'lponning "Go'zal Turkiston", "Go'zal Farg'ona" she'rlari singari yaratilgan kunidanoq qo'ldan-qo'lga o'tib, sevib o'qilgan, o'zbek she'riyati tarixida mazmun-mohiyati, maslak murosasizligi jihatidan "Baljivon"ga o'xshash yoki yaqin keladigan ikkinchi bir she'r yozilmagan. Shuning uchun ham "Baljivon" Anvar Poshoning jasur siymosini gavdalantiruvchi so'zdan yaralgan she'riy bir haykal, desa aslo mubolag'a bo'lmaydi, deb hisoblaydi.

I.Haqqul adabiy suhbat va obzor maqola janrlarining yetuk namunalarini yaratib, badiiy asar, ayniqsa, she'riy asarlarning nozik tahlilchisiga aylanganini taniqli adabiyotshunos, O'zbekistan Qahramoni Ozod Sharafiddinovning unga yo'llagan ochiq maktubidagi quyidagi e'tirof ham yaqqol tasdiqlaydi.

"Avvalo shuni aytmog'im kerakki, men birinchi qadamlaringizdanoq ijodingizni juda katta qiziqish bilan kuzatib kelaman. Meni maqolalaringiz va kitoblaringizdagi teranlik, mulohazalar hamda xulosalarning chuqur bilimga asoslanganligi, har bir sahifadan barq urib turadigan samimiyat o'ziga jalb qilardi. Ayniqsa, Alisher Navoiy haqidagi tadqiqotlaringiz, uning bir qator g'azallariga bergan tahlillaringiz, tasavvuf borasidagi izlanishlaringiz sizni adabiyotshunosligimiz sohasida oldingi o'rinlardan biriga olib chiqdi. Siz xalqimiz o'rtasida mumtoz abiyotimizning yetuk va barkamol tadqiqotchisi hamda targ'ibotchisi sifatida tanildingiz".

Haqiqatan ham bugungi kunda o'zbek adabiyotshunosligi va adabiy tanqidi Ibrohim Haqqkul siymosida u yoxud bu adabiy hodisani umuminsoniy qadriyat sifatida umumjahoniy falsafiy-estetik mezonlarda tahlil qila oladigan yorqin iste'dod voyaga yetganligidan faxrlana oladi. Shu munosabat bilan yana O.Sharafiddinovning Ibrohim Haqqulga yo'llagan xatida ta'kidlangan ikki nuqtaga e'tiborni qaratishga to'g'ri keladi: Birinchisi - "mutaxassislarimizning intellektual darajasini ko'tarish" va ikkinchisi - "istiqlol adabiyotshunosligini yaratish va rivojlantirish uchun... ijod er-kinligi, tafakkur erkinligi"ga erishmoq shart. Shu mantiqdan Ibrohim Haqqul ijodiy qiyofasiga nazar solinsa, har ikkala shart ham o'zaro uyg'unlashgan holda uning ijodkorlik iste'dodi va salohiyati asoslarini belgilab kelayotganligiga qanoat hosil qilish mumkin. Bunda I.Haqqulning ilmiy jasoratiga asoslangan erkin fikrlay olish iste'dodi jilolanib turibdi.

Ayni choqda, uning Jamol Kamol fors-tojik tilidan muvaffaqiyat bilan o'zbekchaga o'girgan Mavlono Jaloliddin Rumiyning "Masnaviy ma'naviy"siga yozgan so'ng so'zi bir qancha so'zboshilari, mumtoz adabiyot tarixiga bag'ishlangan maqolalari, shuningdek, "Navoiyga qaytish", Taqdir va tafakkur", "E'tiqod va ijod", "Abdulla Kahhor jasorati" kabi qator ki-toblari baland did va teran tafakkur bilan yozilgan. Bu silsilaga uning "Ahmad kalla", "Ustod", "Oybek shaxsiyati va she'riyatiga doir" singari o'nlab maqolalarini ham kiritmoq lozim.

IBROHIM HAQQULNING SUHBATLAR OLAMI

Ibrohim Haqqul ko'plab o'zbek adiblari bilan suhbatlashib, ularning adabiyot va ijodga doir fikrlarini ixlosmandlarga yetkazishda katta xizmat qilgan adabiyotshunoslar safida turadi. Adabiyotshunosning "Abadiyat farzandlari"(1990) asari bu borada alohida ajralib turadi, unda olimning shoirlardan Abdulla Oripov (-B. 165-175) va Rauf Parfi (-B.175-189) ila suhbati mavjud. To'g'ri asarning asosiy qismi Alisher Navoiy ijodiga taalluqli maqolalardan iborat. Ammo asar mundarijasidan Ibn Sino (-B.67-92), shoir Gado (-B. 60-67), Yunus Emro (-B.92-100) xususidagi maqolalar va kuzatuvlar ham o'rin olgan. Shoir Abdulla Oripov ila suhbat asos e'tibori bilan Alisher Navoiy ijod olamiga taaluqli bahsu munozaralarga bag'ishlangan, unda Navoiy ijodiyoti tevaragida qimmatli fikrlar o'rtaga tashlandi. Tabiiy savol Ibrohim Haqqulga tegishli, javob esa A.Oripovga taalluqli, lekin aslida savol orasida javob bo'lgandek, javobga goho savol ham beriladi. Ushbu ajoyib suhbatning nomi: "Vatan ichra yana bir vatan" deyiladi, savolda buyuk san'atkor, ayni zamonda shoir, yozuvchi, olim va mutafakkir deyilsa, javobda Alisher Navoiy "turkiy xalqlarning mislsiz dahosi" deya g'oyat rost va haqiqiy baho beriladi.

Ibrohim Haqqul: "...Dohiy (Alisher Navoiy) sanatkorning tug'ilishi – bu, umumdunyo adabiyotidagi Inqilob" (-B.165) – desa, Abdulla Oripov: "...turkiy xalqlarning mislsiz dahosi..." (-B.165) – deydi va suhbat ibtidosining o'zi juda e'tiborga molik va kitobxonda qiziqish uyg'otadi. Savolda: "Navoiyda ... fikrli ko'lam poyonsiz" (-B.166) – deyiladi, mutlaqo qanoatlantirmayotir, chunki buning uchun maktablarga mutaxassis tayyorlayotgan oliygohlar zimmasiga mas'uliyat yuklatish lozim.

"Abadiyat farzandlari" kitobidagi ikkinchi suhbat "Qani, she'r, so'yla abadiyatdan" deb nomlanib, unda Ibrohim Haqqulning shoir Rauf Parfi bilan muloqoti o'rin olgan. Suhbat olimning "Haqiqiy shoir yuragi – sehrli va hikmatlarga boy olam" so'zlari ila boshlanadi. Darhaqiqat shoirlarning biz anglamas o'z olami bor, bu olam bir qarasang o'ziga yashirin olam, aslida esa o'ta shirin olam. Lekin uni fahmlash, tushunish gohida mushkul kechadi, aslida ham qiyin, mabodo kitobxon fahmlasa, u o'zini o'zga olamda ko'radi. Olim va shoirning ushbu suhbatining bosh mavzui Oybek hamda uning she'riyat olami, bu she'riyatga xos mavzular ko'lami qamrab olingan. R. Parfi ulug' adib Oybekni "muqaddas tog'" deydi, shu tog'ning osmonga bo'y cho'zgan qoyalari bor, unda quyoshga talpingan oq gulli "na'mataklar nafis chayqaladi" (-B.177). Shu fikrlarga mos I.Haqqul ushbu misralarni keltiradi:

Ko'klarda yulduzlar hadsiz, hisobsiz –
Kulishar..Ko'zimda yashnar uchquni,
Oltin boqishlar-la shu onda yolg'iz
Yechilib ketadi ko'nglum tuguni (–B.177).

Bir qarashda oddiy va samimiy misralar, ammo uning zamiridagi tuyg'u hadsiz, yulduzlar kulmoqda demak nur sochmoqda. Ko'zda uchquni yashnar, ko'z ham yulduz monand charaqlaydi, ular oltinga mengzalmoqda, shundan ko'ngil tuguni chigilini yechmoqda.

R. Parfi bir holatga urg'u beradi Oybekni bor qilgan zamon yoki zaminning dog'uli ziddiyatlari, jamiyat ko'ksidagi murakkab, ayni zamonda mashaqqatli hayot ekani chin haqiqat. Ana shu aytilganlarga mos va xos misralarni I.Haqqul chinakam o'z o'rnida keltira olgan: ta'sirli misralarni misol keltiradi:

Kechasi – osmonga boiaman:
Kiprigim ustida cheksizlik o'ynar...
Ko'klardan jimgina oltin nur yog'ar,
Yaproqlar hayotdan parcha kuylaydi.
Shu onda yaqindir osmon yo'llari,
Har narsa guj bo'lgan, menga yot emas.

Ana shu tariqa R.Parfi va I.Haqqul hali Oybek she'riyatining kitobxonlar gohida anglab yetolmas siru sehrlarini ochib berishadi. Shuningdek Oybek she'riyatida muhrlangan yillar chizig'i, ayniqsa shoirning o'ttizinchi yillar ijodidagi sehru sinoat bog'liq holat-hodisalar ham nazardan soqit etilmaydi. Oybekning Vatanga, Vatan tarixiga munosabati, inson ruhining botiniy to'lg'onishlari, undagi sohir nafaslik kabilar ham tahlil etiladi. Oybekning tarix va inson yoki inson va tarixga munosabati kabi o'rinlar ham e'tiborli, inchunin diqqatni o'ziga tortadi:

Ag'darsam tarixni – asrlar qat-qat,
Asrlar ortidan eshitdim nola.
Insonning ko'rgani zulm va hasrat,
Quyoshning nuridan qani bir tola?

Ibrohim Haqqul ta'kidlaganidek: "She'riyat – ma'lum davr va davr kishilarining yurak xaritasi", bundayroq aytganda yurak chizgilari. Unda barcha hodisalar hamma voqealar aksini topadi, oq va qora, yaxshi va yomon, qayg'u va kulgi, hayajon va hijron hamda boshqalar. R.Parfi bir o'rinda ustod Oybekning 30-yillardagi va 60-yillardagi ijodini o'zaro taqqoslar ekan, bir holatni kuzatadi, ya'ni yoshlikdagi sohir nafaslik keksalik sehri ila mushtarak kasb etganini ta'kidlaydi. Oybekning 928 yil (23 yosh)dagi she'ri:

Qovushgan kunlarning u oltin izi,
Yoshli ko'zlarimdan sira ketmaydi.
Manguga qochdingmi, ey xayol qizi,
Cholg'umning ingrashi senga yetmaydi.

Endi Oybekning 1966 yil (61 yosh)da yozgan she'riga diqqat qilaylik:

Yor ketdi... Oh, yolg'iz yana shu

oqshom,
Chaqirdim – kelmadi, izi yo'q jonon.
Bir zumda yo'qoldi ko'ngildan orom,
Yulduzlar o'chdilar... Qoldi ko'p armon.

Basharti yuqoridagi shu ikki parchani o'zaro taqqoslab solishtirsangiz farqdan ko'ra o'xshashlik va hamohanglik ustvorroq.

Ikki tomon suhbati asosida biz Oybekning she'riyatiga xos tuyg'ular olamiga sayohat qilamiz va anglamaganlarimizni chunon anglaymiz. Bular suhbatdoshlar zukkoligi belgisi, ular hamkorlikda Oybek she'riyatining sirli sehrlariga va sehrli sirlariga bizu sizni oshna etmoqda. Bu xil she'riyatga tashnalik va uning chuqur tahlili she'riyat muhiblarining olqishiga sazovorlik ulushlarini baxshida etish baxtiyorlikdan boshqa narsa emas. Ikki tomon ham Oybek she'riyatini yaxshi bilishadi, unga xos murakkablik bosib o'tilgan murakkab yo'llarga daxldorligi, unga xos munglar katta yo'qotishlar ramzi ekanini sir emas.

Qalbimda so'ngsiz hijronlar...
Baxtimning lolasi ochilmay so'ldi.
Qaytmaydi u yoshlik, u go'zal onlar,
Ruhimning yoshlari ko'zimga to'ldi.

Misralararo tuyg'uda xotirotlar olamiga sayr etiladi, hijron, baxtsizlik, tushkunlik, siqilish, tutqinlik tinchsizlik alomatlari ekanini ham zinhor unutmaslik lozim. Shoir she'riyatining mavzular olami keng va hududsiz, unda qotib qolgan dunyo nishonga olinsa, harakatdagi jo'shqin dunyoga ofarinlar o'qiladi. R.Parfining fikricha Oybek she'riyatida xalqning ma'naviy hayoti, uning turmush tarzi, hatto ruhiyati – bosh mezon. I.Haqqul ham bu fikrlarga mutlaq muvofiq holatda: "Oybek tushunchasida shoir – go'zallikning payg'ambari", – degan shioriy aqidani ilgari suradi. Rosti ham shu, Oybek go'zallik olamining kuychisi, u ezgulik va adolat tarafdori, benazir so'z ustasi, u shoirlarga qarata baralla deydi:

Mayli suv ich, qattiq non kemir,
Lekin yonsin qalbingda olov.
Falsafaning achchig'in sipqir,
Farog'at, tin senga bo'lsin yov.

Olim va shoir, har ikkisi o'z suhbatini Mirtemir Oybekka atalgan she'ri bilan intihosiga yetkazadi:

She'r – hikmat daryosi, sehr daryosi,
Jumboqday bittalab yecholsam deyman.
Ilmu ishq daryosi, mehr daryosi,
Qonib-qonib men ham icholsam deyman...
Jayhunmisan, qaydam, yo teran Sayxun?
Har qalay toshqinsan, jo'shqinsan-jo'shqin,
Ona tuprog'ingga zarursan har kun,
Men ham qonib-qonib icholsam deyman.

Ibrohim haqqulning "G'azal gulshani" risolasi tom ma'nodagi suhbatlar injusi, fikrlar marvaridi, ilmlar shodasi Ibrohim Haqqulning ushbu risolasi yetuk navoiyshunos, mumtoz adabiyotimizning teran bilimdoni Abduqodir Hayitmetov suhbat bilan boshlanadi. Bu suhbatning asosini Navoiy g'azaliyoti, uning badiiyati, undagi timsollar olami, g'oyalar ko'lami kabi muammolar qamrab oladi. Suhbat A.Hayitmetovning so'zlari ila boshlanadi, olim Alisher Navoiyning turkigo'y shoirlardan Lutfiy, Muqimiy, Sakkokiy, Atoyi, Gado ijodiga munosabati va ular an'anasining davomchisi ekanini qayd etadi. Bu ro'yxatga Navoiyning o'zi e'tirof etgan "Gul va Navro'z" va "Gulshan ul-asror" muallifi Haydar Xorazmiy, "Dahnoma" va "Chog'ir va bang" muallifi Yusuf Amiriy, "Taashshuqnoma" muallifi Sayid Ahmad, "O'q va Yoy" muallifi Yaqiniy, hatto "Hibatul – haqoyiq" muallifi Adib Ahmad hamda boshqalar ham ilova etiladi. Shu bilan qatorda ustoz A,Hayitmetov aynan Alisher Navoiyning fors-tojik adabiyoti namoyandalari ijodidan bahramandligini ham e'tirof etib o'tadilar. Ayni zamonda Navoiyning mashhur qit'asida zikrini topgan Xusrav Dehlaviy (1253-1325), Hofiz Sheroziy (1325-1389) va Abdurahmon Jomiy (1414-1492)lar g'azaliyotidan ta'sirlangani tilga olib o'tiladi. "Ammo bu, Navoiy g'azalchiligining barcha xususiyatlarini, g'oyaviy-badiiy yo'nalishning hamma tomonlarini shu uch shoir belgilab bergan degan gap emas" (–B.3). "Muhokamat ul-lug'atayn"da masalan fors-tojik ijodkorlaridan ko'plari tilga olib o'tiladi. Ibrohim

Haqqulning fikricha: "Navoiyning lirik qahramoni hayotga, insonga, davr va muhitga haqparast oshiq nazari bilan qaraydi" (–B.4.). Oshiqlik isboti uchun so'z sehriga mehr, ruhiyatda yuksaklik, so'zga sayqal berish, so'z ustida qunt ila ishlash Navoiy hayotdagi va adabiyotdagi shiori edi.

Har ikki olim suhbatida g'azal mavzui, g'azal g'oyasi, adabiyotning vazifasi, g'azal janri rivojidagi Navoiyning o'rni va maqomiga jiddiy e'tibor qaratiladi. Domla A.Hayitmetov o'z fikri bayonida Navoiygacha turkiy g'azaliyotda may mavzuiga kam e'tibor qaratilgani, lekin Navoiyda fors-tojik g'azaliyoti yalovbardorlari Rudakiy va Hofiz kabi may timsolini ishqu muhabbat mavzui darajasiga ko'targanini ochiqcha uqtiradi. I.Haqqul fikrlarida quyidagi holatlar yetakchilik qiladi, ya'ni Navoiy g'azaliyotida yaxlit tuyg'u, baytlararo uzviylikning barqarorligi, tasvir tizimida yakdillik ustvorligi, fikriy uyushqoqlikning teranligi bosh mezonga aylangani aytadi. Navoiy g'azalda tasvirlanuvchi holatni hikoyat darajasigacha olib chiqqanini Zahiriddin Boburning ushbu matla'i ila isbotlanishi aytiladi:

O'tgan kecha men erdimu ul siymtan erdi,
Gulshan to'rida maskanimiz bir chaman erdi.

Matla'da I.Haqqul rivoyati bo'yicha: "Tun, gulshan, bulbul bilan guldek ikki yor, may, lola kabi yoqut qadah, goh oshiqning, goho ma'shuqaning qadah uzatishlari – xullas bularning hammasi o'quvchi xotirida saqlanib qoladigan jozibali lirik lavhalardir" (–B.6.). A.Hayitmetov ta'kidlarida Navoiy g'azallari mavzu e'tibori bilan oshiqona, rindona, orifona g'azallarga taqsimlangan. Navoiyshunos olim Navoiy o'z davrining eng ilg'or shoiri va mutafakkiri sifatida she'riyat ijtimoiy-siyosiy hayotga, inson va uning ma'naviy ehtiyojlariga yaqin turishi kerak, degan g'oyani ilgari surdi va o'zi shu aqidaga izchil amal qilganini ta'kidlaydi. A.Hayitmetov va I.Haqqul suhbati, g'oyaviylik va mahorat cho'qqisi sarlavhasiz ostida keltiriladi (–B. 3–10). Suhbat asnosida Navoiyning har bir g'azali she'riy mahorat obidasi, shoir g'azallarining badiiy imkoniyatlari boyligi, turkiy til nafosati Navoiy g'azallarining badiiy barkamolligini ta'minlagani ifodasini topadi. Navoiy g'azallariga mavlono Lutfiy baholari kabi hodisalar ham nazardan soqit etilgan, hatto Navoiy g'azallari ila aytiluvchi "Munojot", "Ushoq", "Sayqal" kuylari, "Kelmadi" radifli g'azalidagi o'lmas va muqaddas tuyg'u singari holatlar ham diqqat markazida turadi. A.Hayitmetov suhbatda Navoiy lirikasida inson qalbining murakkab, ziddiyatlarga to'la ohanglari atroflicha ifodasini topganini eslatadi. Navoiy o'z sevgilisi ila, xalq ommasi manfaatlari bilan bir jon, bir tan bo'lib qalam tebratadi, hatto xalq manfaati o'z manfaatidan

ustun qo'yadi:
   Yuz jafo qilsa manga, bir qatla faryod aylaram,
   Elga qilsa bir jafo, yuz qatla fard aylaram!
singari baytlarga ham diqqat qaratiladi. Olimning Navoiy she'rlarining ufqi kengligi, o'zining "Navodir un-nihoya" devonidagi g'azallarning birida dunyo kishilariga xayrixohlik, do'stlik hissini izhor etib:
   Olam ahli, bilingizkim, ish emas dushmanlig',
   Yor o'lung bir-biringizkim, erur yorlig' ish! –
baralla xitobi Navoiy dunyoqarashining lirikasi misolida g'oyat yuqori cho'qqiga ko'tarilganiga aniq va tiniq misol ekanigacha jiddiy kuzatiladi.

A.Hayitmetov kuzatuvlarining mushohadasi keng mulohazasi musaffo, fikrli teranligi tabiiy, olim Navoiyning toq o'tganligi, ammo bundan shoir mutlaqo fojia yasamaganligini jiddiy uqtiradi. Darhaqiqat shoir o'z yoriga erisha olmagan, dunyodan bo'ydoq o'tadi, lekin bular zinhor uni ruhan tushkunlikka yetaklamagan. Navoiy she'riyatida muhabbat avj pallasida kuylanadi, ishq uning g'azallarining bosh mavzui, yuqori qirrasi hisoblanadi. Navoiy ishq va sevishganlarga hamisha xayrixoh, shoir o'z baxtsizligini hech kimga ravo ko'rmaydi, g'azallaridan birida o'qiymiz:

Yordin hijron chekar ushshoqzor, ey do'stlar,
Necha tortay hajr, chun yo'q menda yor, ey do'stlar.
Aylamang bekasligimni ta'n, bir kun bor edi,
Menda ham bir nozanin chobuksuvor, ey do'stlar...
Yorsiz vayronada qon yig'larman oxir, siz qiling –
Yor birla gashti bog'u lolazor, ey do'stlar...

demak anglashiladiki, Navoiy she'riyatidagi bu xil g'oyaviy va badiiy xususiyatlar shuni ko'rsatadiki, shoir o'z lirik ijodida izchil ravishda insonparvarlik, xalqparvarlik e'tiqodiga amal qilgan. Shu bois ham uning baytu g'azallari faqat o'z xalqi tomonidan emas, balki barcha xalqlar tomonidan e'zozlangan. Ko'pgina xalqlarning qalam ahllari esa Navoiydan lirik ijodda mangulik asrorlarini o'rgandilar. Chunonchi buyuk ozarbayjon shoiri Fuzuliy (1494-1556) o'z genial () g'azallaridan birini quyidagi matla' ila boshlaydi:

Shifoyi vasl qadrin hajr ila bemor o'landan so'r,
Ziloli zavq shavqin tashnayi diydor o'landan so'r.

Biroq Fuzuliydan yarim asr oldin Navoiyning:

Ishq sirrin hajr asiri notavonlardin

so'rung,
Aysh ila ishrat tariqin komronlardin so'rung.–
matla'i ila ibtido topuvchi g'azali Navoiyning Fuzuliy she'riyatiga, barcha turkiy xalqlar adabiyoti taraqqiyotiga o'zining barakali, hayotbaxsh ta'sirini ko'rsatganini va ko'rsatib kelayotganini anglash qiyin emas.

"Sohir nafas shoir" nomli suhbat ko'zga ko'ringan tasavvufshunos olim Najmiddin Komilov bilan olib borilgan. N.Komilov va I.Haqqul suhbatining mavzui ulug' shoir Hofiz Sheroziy (1325-1389) haqida bo'lib, shoir she'riyatining xos xususiyatlari atroflicha ochib beriladi. N.Komilov fikricha Hofiz g'azallarining mazmuni, mavzui teranligi bois elga tez yetib boradi, elning dilidan joy oladi va shoir yoshligidanoq el orasida obro' topadi. U olti yoshligida otadan yetim qoladi, boylar eshigida xizmat qiladi, novvoyga shogird tushadi, shu tarzda kun o'tkazadi. N.Komilov aytgan fikrlar X.Mirzozoda kitobida bitilgan ma'lumotlarga ancha monand, hofizning otasi Bahouddin savdo bilan shug'ullanadi, uning uch o'g'li bo'lgan. Otasi vafotidan so'ng meros taqsimlanadi, qisqasi yosh kenja Hofiz onasi bilan qoladi, turli yumushlar bilan mashg'ul bo'ladi, darhaqiqat novvoyxonada ishlaydi. U topganini uch qismga bo'ladi, o'zi bilan onasi uchun, maktabu madrasa xarajati va kambag'allarga yordam berishga sarflaydi. X.Mirzozodaning ta'kidicha uni Xoja Hofiz deyishadi, bundan murod uning savdogarlar tabaqasiga mansubligiga ishora ekan. N.Komilov fikriga ko'ra "Hofiz" taxallusi bilan bitilgan sho'rangez g'azallar el orasiga yoyilib, e'tibor qozona boshlaydi (–B.14). To'g'ri shoirning taxallusi Hofiz, lekin sababi nimada, unga bu taxallus nechun berilgan, aytishlaricha u Qur'oni karim suralarini ajoyib qiroat qila olgan. ammo X.Mirzozoda shoirning:

    Zi changi Zuhra shunidam, ki subhidam meguft:
    Muridi Hofizi xushlahchai xushovozam:–

shu baytdan kelib chiqib shoirga Hofiz taxallusi nafaqat Qur'oni karimni xonish qilgani, balki yaxshigina ovozga ega xonandaligi uchun berilgan ekan. Yuqorida maqta'ning ikkinchi misrasidagi "Muridi g'ulomi" so'ziga almashtirilgan holatini Hofiz "Devon"i nashrida kuzatdik. Bu xil turlichalik N.Komilov keltirgan baytda ham mavjud:

    Ba she'ri Hofizi Sheroz meguyandu meraqsand,
    Siyahchashmoni kashmiriyu turkoni Samarqandiy. (–B.15)

Solishtiring:
    Ba she'ri Hofiz Sheroz meraqsandu menozand,
    Siyahchashmoni kashmirivu turkoni

Samarqandiy. Hofiz haqida I.Haqqul: "Hofiz ham did va idroki oʻtkir dardli oshiqlar kuychisi edi",– deb uning she'rlariga xos chuqur tuygʻu, oʻtkir tasvirni baralla qayd etmoqda. Hofizning gʻazallari har bir davrda, har bir avlod koʻzi oldida xuddi kecha yozilganday tarovat bilan yashnab, koʻngillarni hayajonga solar, hayot muammolariga javob boʻlib, jaranglab turadi. Bunga sabab, avvalo, Hofiz she'rining sahovatli qalb mevasi ekani, xalqchilligidir. U yuragida ulkan dard bilan yashadi. Hofiz devon tuzish uchun, daftar toʻldirish gʻarazida qoʻliga qalam olgan emas. Voqean, uning she'rlari vafotidan keyingina Muhammad Gulandom kabi muxlislari tomonidan yigʻib devon qilingan. Hofiz esa oshufta bir bulbulday yonib kuylardi. Uning dili haqiqat ishqi bilan durlar sochardi. U qonxoʻr jahongirlar, mutaassib ruhoniylar ta'qiblaridan tap tortmay, goh majoziy – ramziy yoʻsinda, goh roʻy-rost haq gapni aytar, adolatga topingan e'tiqodidan sira chekinmay dilda borini izhor etardi. Darhaqiqat, chinakam san'atkor adiblar hech qachon yolgʻon soʻzlamaganlar, hukmdor ideologiyaning jarchisiga aylangan emaslar, ular rasmiy aqidalar, mavjud mafkura va qarashlar, oʻtkinchi gʻoyalaridan behad yuqori turganlar.

Hofiz devonida odam va olam xususida,

hayotning hayotning past-balandi, achchiqchuchugi, turli taqdirlar, holat-hodisalar borasida ilgari surilgan purma'no baytlarni ko'plab uchratish mumkin. Ishq-muhabbat haqida kuylayotgan shoir birdaniga dunyo ishlari yoxud koinotning sirlaridan bahs boshlaydi yoinki kishi diqqatini darrov o'ziga qaratadigan nasihatomiz tagdor baytlarni keltiradi

Xoja Hofizdan keyin yashagan forsiyzabon va turkiyzabon shoirlarning barchasi uni o'zlariga ustoz bildilar. Uning she'riyati sirlari va mahoratidan saboq o'rgandilar. O'zbek shoirlari Mavlono Lutfiy, Alisher Navoiy, Bobur, Mashrab, Maxmur, Munis xullas juda ko'pchiligining ijodida Hofiz she'rlariga tatabbular, taxmislarni uchratamiz.

Alisher Navoiyning "Devoni Foniy"sidagi g'azallarning aksariyati Hofizga tatabbular ekanligi ham tasodifiy emas. Yoki Boburni olaylik. Bobur talant yo'nalishi bilan Hofizga yaqin shoir. Uham Hofizga o'xshab she'riyatda jo'shqin lirizm va og'riqli hislar tasvirini sevadi. Inson qalbining qa'rida yashiringan, faqat oliy she'riy idrok vositasida so'zga ko'chirish mumkin bo'lgan fikru tuyg'ularni obrazli talqin etishda Bobur Hofiz maktabining eng mohir vakillari qatorida turadi.

Suhbatlardan biri navoiyshunos T.Ahmedov bilan bo'lib o'tadi, unda Sakkokiy ijodi xususida so'z yuritiladi. Shu o'rinda bir luqma T.Ahmedov bilan suhbatda Sakkokiy qasidalari aslida 11 ta bo'lgan holda, qasidalar soni 10 ta deyiladi. Chunonchi Xalil Sultonga -1ta, Shohrux Sulton Mirzoga – 1ta, Xoja Muhammad Porsoga – 1ta, Sulton Ulug'bek Mirzoga – 4 ta, Arslonxoja Tarxonga – 4 ta jami-11ta. Shu qasidalardan atiga uchtasi nashr yuzini ko'rgan, ikkitasi "Adabiy meros"da Erkin Ahmadxo'jayev tomonidan e'lon qilingan. Qolgan bittasi Sakkokiy g'azallar to'plamida beriladi, aslida Sulton Shohrux Mirzoga bag'ishlangan, ammo g'alat ravishda Sulton Ulug'bek Mirzo nomiga nisbat berilgan "keldi" radifli qasidadir.

Ibrohim Haqqulning yana bir suhbati olima Suyuma G'aniyeva bilan bo'lib, unda Gadoyi ijodi tahlil nazaridan o'tkaziladi. Suhbatda shoir Gado g'azaliyoti xususida so'z yuritilib, uning devonining topilishi va o'zimizda amalga oshirilgan nashrlari ta'kidlanadi. Ammo shoirning asl taxallusi Gado ekani haqida lom-mim deyilmaydi, vaholanki, shoirning aksariyat g'azallarida Gado taxallusi qo'llanadi. Qolaversa shoir Gadoga tegishli yagona qasidaning mamduhi masalasi negadir ochiq qoladi, bu haqda bahs yuritilmaydi. Keyingi suhbat Fozila Sulaymonova bilan shoir Hofiz Xorazmiy ijodi haqida, unda shoir ijodining xos xususiyatlari tahlil etiladi. Abduqodir Hayitmetov bilan suhbatda Fuzuliy ijodiga urg'u beriladi, keyingi suhbat esa M.Qodirova bilan o'tkazilib, Nodira ijodi atrofida bahs yuritiladi. Nihoyat oxirgi suhbat yetuk adabiyotshunos Yoqubjon Ishoqov bilan o'tkazilib, Mujrib Obid hayot yo'li va ijod usuli atroflicha sharqlanadi.

II BOB. RUBOIY VA QIT'A JANRLARI OLAMI

Alisher Navoiy qit'a janridagi she'rlaridan birini sarlavhadagi shu so'zlar bilan boshlagan edi. Navoiy uchun asl so'z – ko'ngul o'tidan sachragan so'z. Yurak va aql yolqinini aks ettirmagan so'zni shoir ishq va ma'rifat fayzidan mahrum deb bilgan. Navoiy qit'alarida xiradmand, ulug' hikmatnavisdir. U qit'alarini:

Majmuni o'yla kishvarki, anglaki sathini,
Hikmat suyidin aylamisham qita-qit'a bog', -

deb bejiz ta'riflamagan edi. Bu tafakkur "kishvari"da o'quvchining fikri o'sadi, ko'ngli nurlanadi, aqli faollashadi. Chunki Alisher Navoiy qit'alarida tabiatdagi oddiy qurg'oqchilikdan koinot sir-asrorigacha, chumolidan inson qismati va uning davr, jamiyat, borliq bilan munosabatigacha - barcha-barchasi haqida mushohada yuritilib fikr bildirilgan.

Insonni so'z tarbiyalaydi. So'zda insonga xos barcha ijobiy, salbiy xislatlar aksini topadi. Masalan, "viqor" so'zini olaylik. U qadimiy so'z. Uning bag'rida ulug'vorlik, salobat, mag'rurlik ma'nolari mujassamlashgan. Viqor deyilganda, negadir, mening ko'z o'ngimda, Haq va Haqiqatdan boshqa hech nima, hech kimga bo'yin egmagan buyuk bobolarimizning adl qomatlari gavdalanadi. So'zga munosib bo'lolmaslik — bu ham fojia.

Minorlar emas, bu — falakka qasam,
Ulug' bobolar ketmishlar sanchib, —
deydi Abdulla Oripov. Qasoskor ajdodlarimiz viqorli zotlardir. Ular qasamlarinigina emas, g'ururlarini ham "sanchib" ketganlar. Minorlar — ularning viqor timsollari. Viqor bilan ma'rifat ajralmas tushunchalar. Ilmu tafakkurga tayanmagan viqor emas, balki kekkayish, soxta manmanlik. Navoiy esa chin ma'nodagi viqorga chorlagan:

Viqor gavharivu hilm ma'dani bo'lako'r,

Desangki, qilg'ay itoat sanga gado ila shoh...

"Gavhar" so'zi viqor tuyg'usining ma'naviy – axloqiy qimmatini ta'kidlaydi. Shu qimmatdan mahrum viqorni shoir fazilat sanamagan. Endi "hilm" bahrida. Hilm – yumshoqtabiatlilik, beozorlik, sobirlik xislatlariga erishmoqdir. Navoiy ta'rifida: hilm – axloqli odamning qimmatbaho libosi va u kiyim turlarining eng chidamli matosi.

"Hilm ma'dani bo'lako'r" demakdan asl maqsad mana shu. Olimning hilmni uch turga ajratishgan. Shulardan biri hilmi zolimon deyiladi. Zolimlar hilmi – ko'nguldagi kinu adovatlarni haydash demak. U kechirimli bo'lmoq, dil pokligi va bag'rikenglikni shart qilib qo'yadi. Shunda odam yomonlik qilganga ham yaxshilik ko'rsatarkan, bundan huzur ham topadi.

No'shiravon degan odil podshoh hilmga xiyonat etmaslik uchun uchta xat yozibdi-yu, quliga beribdi: "Men achchig'lansam, shu uch xatdagi gaplarni galma-gal o'qib berursen", – debdi. Kunlardan birida uning qahru g'azabi qo'zg'abdi. Qul birinchi xatni ochib o'qibdi. Unda "Jahlingni quv, senga tangri yaxshilik ato qilg'ay!" – degan so'zlar bitilgan ekan. Ikkiichisida "Rahm qil, rahm ko'rgaysen", uchinchisida esa "Olloh qullarini o'ziga topshir, rostlikka bo'ysundirg'ay!" — deyilgan ekan. Bu rivoyatdan ikkita xulosa chiqarish mumkin. Birinchisi – eng odil odam hilm uchun qayg'urishi kerak. Ikkinchisi — halimlik tufayligina beg'araz izzat-hurmatga erishiladi. Biz bugun shafqatsizlikdan noliymiz. Shoirlar inson qalbini "yovuzlikdan noliymiz. Shoirlar inson qalbini "yozuvlikdan zada Qo'riqxona"ga qiyoslab, "Ezgu, latif hislar bo'lmasin uvol", deya hasrat chekishsa ham mehru shafqatimizda shafqatsizlik qalqib turadi! Nega? Chunki ajdodlar muqaddas bilgan va favqulodda mas'ullik bilan muhofaza qilgan tuyg'ulardan uzoqlashdik. Axloqning tarixiy talablariga befarq qarashga ko'nikdik. Viqorli bo'lish birinchi galda, xalq manfaatini yoqlash, qaysi tarzda bo'lmasin, elga foyda yetkazish. Halimlik ham xuddi shunday. Sening qalb yumshoqliging o'zganing tosh bag'riga ta'sir o'tkazmasa, bu – hilm emas. Mana shuning uchun Alisher Navoiy viqor va

hilm "sheva"sida tog'dan ibrat olishni tavsiya etgan:
Bu sheva tog'da zohirdururki, davrondin, Qachonki tafriqa yetti ulusqa bo'ldi panoh.
Ha, umri tashvish va zahmatda o'tgan xalqning orqatog'lari bo'lmoqqa qodir farzandlarining safi kengaymaguncha, u xalqning viqoriga tog'lar timsol bo'la olmaydi.
Nodon va gumroh kimsalarga duch kelganimizda, ko'pincha "ablah" degan so'zni ishlatamiz. Lekin ular nega ablah ablahlikning tub sababi nimada-ligini uncha mulohaza qilavermaymiz. Insonning ong va bilimi naqadar yuksalsa, u hayvoniy hamda shaytoniy xislatlaridan o'shancha poklanadi. "Har bir odamning kalidi — uning fikri",— deydi Emerson. Shu "kalid"dan mahrum kishi, xohlang – xohlamang, fikrsizligi jihatidan hayvonsifat-dir. U anglasa ham anglamagandek. "Umrin ablah kechurub g'aflat ila" satri bilan boshlanadigan qit'ani o'qib siz beixtiyor ablahlikning o'q ildiziga yetgandek bo'lasiz. Ablahlik — umrini g'aflatda o'tkazish ekan. G'ofillik — tushunmaslik, o'z ixtiyori-la hayvonga do'nib, ma'nili gap o'rnida "xarros" tortish. Chunki g'ofil kimsa:
Bir eshakdurki, tag'ofil yuzidin
Qilg'ay izhor payopay arros.
Mana shu "eshak"lar Vatanning sho'ri, erku istiqbolning g'ovlaridir. Faqat bulargina emas,

albatta.
Falong'a ajab hol erurkim xaloyiq,
Ne qilsa alar birladur mojarosi...

"Falon" deb atalgan bu kimsa o'n beshinchi asr odamlarining asabini nechog'li qaqshatgan bo'lsa bugun ham o'sha faolligini to'xtatgani yo'q. Gap shun-daki, hamma zamonlarning ham yo'q joylardan chang chiqarguvchi, el-yurt bilan ittifoqda yashasa ichi yemiriladigan mojaroparastlari bo'ladi. Yigirmanchi asrda bular sanog'i ko'paysa ko'paydiki, kamaymadi. Bu janjalkashlar holi, Navoiy aytmoqchi, "ajab hol". Ular "el oshiga bir no'xad" qo'shishga qodir emas. Ammo xaloyiq dilini siyoh etishga mohir. Ular yaxshilik muhitiga yomonlik, buzg'unchilik keltiruvchilardir. Fosiq va fitna qo'zg'ovchilar bilan el o'rtasida hamjihatlik bo'lishi mumkin? Qizig'i shundaki, bu boyqushsifatlardan ed qancha o'zini uzoq tutsa, ular o'shancha suquluvchan, yuzsizlarcha aralashuvchi bo'ladilar. Buni shoir obrazli ifodalaydi:
Qozon yo'qki ul anda kafliz emastur,
Ki bo'lsun yuziga qozonlar qarosi.

"Kafkir"lik layoqati mojarobozlargagina emas, o'z huzur – halovatlarini ko'zlab el ohirini yengil deguvchi, mansabu martabasi uchun hamma narsani sotishga tayyor "hurmatli" zotlar uchun xosligini ham unutmaslik kerak.

"Mansabga erishgan odam - boy berilgan odam", degan ekan bir donishmand. Bu fikr balki munozaralidir. Biroq unda baribir haqiqat bor. Mansabu shuhrat kishini o'zgartiradi. Amalga minganda havolanmaydigan kishi kam. Mansab kursisida e'tibor topganlar aksariyat paytlarda "qiliq" chiqarishadi. Navoiy shu qiliqlardan eng yomoniga diqqatni qaratadi:

Har kishikim topsa davron ichra johu e'tibor,
Kim aning zotida bedodu sitam bo'lg'ay qilig'.

Navoiyga inonmoq lozim. Shoirning "Har kishikim topsa davron ichra johu (amal, yuqori martaba) e'tibor", deyishiga qaraganda, mansab poyalaridan yuqorilagani sayin insoniylikda tubanlashmay, zulmu zo'rlikni kuchaytirmagan odamlar deyarli bo'lmagan. Bunday vaziyatlarda yomonlik qilmaslikning o'zi yaxshilik qilmoq bilan tengdir:

Yaxshilig' gar qilmasa, bori yomonlig' qilmasa,
Kim yomonlig' qilmasa, qilg'oncha bordur yaxshilig'.

Bu baytdagi fikr bunday qaralganda nasihat yoki bir istak. Ammo unda juvonmardlikning shartlaridan biri ilgari surilgan. Ma'lumki, juvonmardlik yoxud futuvvat deb atalgan ta'limot Yaqin va O'rta Sharqning ko'pgina ko'pgina mamlakatlarida keng tarqalgan. Bu ta'limot vakillari ijtimoiy tenglik, adolat uchun kurashganlar. Bir odamdan "Qanday kishi juvonmard atalishga loyiqdir", deb so'raganlarida, u "Nuh payg'ambarning yaxshi xulqi, Ibrohimning ishonchi, Ismoilning to'g'riligi, Musoning samimiyati, Abu Bakrning hamdardligi, Usmonning uyatchanligi, Alining bilimdonligini o'zida mujassamlashtirgan kishi juvonmarddir. Shular bilan bilan bir qatorda u odam o'zini tergashi, ya'ni bor narsasidan mag'rurlanmasligi, hech payt shaxsiyatparastlik qilmasligi, maqtovga uchmasligi, hamisha va hamma joyda o'z sifatlaridan faqat kamchiliklarini, birodarlarining xulqidan esa yaxshilarini ko'rsatishi shartdir" degan ekan.

Manmanlikdan butunlay voz kechmoq, birovga qasd etmaslik, til va dil birligi, tafakkur mehnatiga ega bo'lmoq, muloyim so'zlik, safarni sevish, tan va kiyimni pokiza tutmoq, sir saqlash, kamtarlik va xoksorlik – bular juvonmardlik axloqining mezonlaridir. Juvonmardlik Haqiqatga sadoqat – yashashning bosh mohiyati. Bu oqim kishilarining e'tiqodi bo'yicha hammavaqt va har qanday sharoitda faqat Haqiqatni so'zlash zarur. Negaki, dunyoning hamma ishlari Haqiqatdan Haqiqatga tomon yurishadi. Haqiqatgina adolat hamda diyonatga chin posbondir. "Qobusnoma"da juvonmardlikning asosi uch narsada deb belgilangan. Biri – aytgan so'zingni bajarish. Ikkinchisi – to'g'rilikka aslo xilof ish qilmaslik. Uchinchisi – xayru ehsonni ko'zlash. Juvonmard va'dasiga vafo etguvchi, sofdil va rostgo'ydir. U bechora, muhtoj, g'ariblarga madad yetkazishdan madad olgan. Yomonlardan yaxshilarni himoya qilishdan rohatlangan. Navoiy bir fardida:

Muruvvat barcha bermakdur yemak yoʻq,

Futuvvat barcha qilmoqdur, demak yoʻq, –

deb yozganida ham juvonmardlik eʼtiqodining shartlarini qayd etgan edi. "Qobusnoma"da oʻqiymiz: "Bilgilki, juvonmarlikning takomillashgani shunday boʻladiki, oʻz molini oʻziniki, boshqaning molini boshqaniki deb biladi. Xalq molidan tamaʼ qilmagil, oʻz qoʻling bilan qoʻymagan narsani olmagil. Xalqqa yaxshilik qila olmasang ham yomonlik qilmagʻil". Navoiy esa buni "Kim yomonligʻ qilmasa, qilgʻoncha bordur yaxshiligʻ"', deya rivojlantirgan edi. Bizningcha, baytda boshqa teran ishorat ham bor. Shoir bu ishorat orqali juvonmardlikning insonparvarlik talablariga diqqatni tortishni oʻylagan boʻlishi ehtimoldan uzoq emas.

"Vajhi maosh uchun kishikim desa fikr etay" misrali qitʼa falsafiy mazmunga ega. Uning avvalgi baytidagi maʼno bunday: qaysi insonki vajhi maosh - hayot, tirikchilik tashvishlari uchun ortiqcha qaygʻursa, "Qismat rizosidin anga begonaliq kerak". Sharq mutafakkirlarining hukmlari boʻyicha, qanoat tuygʻusi – maʼnaviy xazina. Qanoatini topgan hech kimga muhtojlik sezmaydi. Shuning uchun qone' shaxslarni foyda va ta'ma tuzoqlariga tushirib bo'lmaydi. Qanoatli bo'lmoq – ruhan ozod bo'lmoq. Ruh hurligi esa shunday daxlsiz muhitki, unda g'urur shikast topmaydi, mayda tashvishlar yurakka ozurdalik yetkaza olmaydi. Navoiy ayni shunday qarashlarni davom ettirib "ganji qanoat"ni bir saltanat sifatida ta'riflaydi. Biroq bu saltanatga egalik qilishning eng muhim sharti bor. Bu — eldan ta'ma etmaslik, el ko'ziga xas tashlamaslik. Bunda endi qanoatning o'zigagina suyanmoq kifoya emas. Shoir uqdirganidek "Eldin ta'mani uzgali mardonalig' kerak".

Muhammad Fuzuliy "azal kotiblari" – oshiqlar baxtini qaro yozganliklarini aytgan. Ayni o'rinda Navoiy shu baxtiqarolikning go'yo sababini yorqinlashtirgan. YA'ni, ishq dardiga giriftor ko'ngil visolga intiladi. Ammo oshiq uchun visol "mumkin emas" narsa. Oshiqlik tolei avval-oxir "dardu balog'a hamdamu hamxonalik"ni talab etadi. "Dardu balog'a ham damu hamxonalik" nima degani? Nafsu hirs zug'umlaridan xaloslik degani. Shuning uchun ham qit'aning keyingi baytida nafs lazzatlarini tark etmoq xususida gapiriladi:

Lazzati nafs tarki samari ofiyat berur,
Lek ul shajarni ekkali farzonalig' kerak.

Demak, nafsoniy lazzatlarni tark qilmoq – osudalik, ichki ravshanlik. Biroq bu osudalik daraxtini (shajarni) ko'kartirib, voyaga yetkazmoqqa oqillik va zakovat lozim.

Tanholikni sevgan odam bora-bora uni yurakka yashirmoqni istab qoladi. Lekin yolg'izlik hislari qalb qa'riga har qancha chuqur cho'kmasin, bundan dil nigohi zarur darajadagi yolqinini topmaydi. Navoiy toqlik nurining manbaini quyidagi tarzda asoslagan edi:

Tajrid nuridin kishi ko'z yorutay desa,
Ahbob hajri sham'ig'a parvonalig' kerak.

"Ahbob hajri sham'ig'a" parvonalig' – nurga intilishgina emas, fidoyilik hamdir. Shoir visol sham'ig'a emas, do'stlar hijroni ziyosiga talpinishni nazarda tutgan. Yolg'izlik nuridan ko'zlarini yorug' etmoq orzuidagi kishi uchun ayriliq o'ylari haqiqatda haroratli va iztirob uyg'otuvchidir. Buning ikkinchi jihati ham bor:

Gar anjumanni desa muridu muti' etay,
Ko'p nuktau fasonada afsonalig' kerak.

Shu "afsonalig'"lardan biri botin harimi" – dil koshonasini ma'naviy boyliklar bilan to'ldirib, "hozir uyi" – tashqi istaklarning asoslarini vayron etishdir:

Botin harimida tilasa mahzani huzur,
Zohir uyi asosig'a vayronalig' kerak.

"Zohir uyi asosi" deyilganda insondagi moddiy va jismoniy ehtiyojlarga tegishli narsalarni tushunmoq kerak. Boylik, mansab, molu dunyodan mag'rurlanish – bular o'sha

"zohir uyi"ning poydevori yoki bezaklaridir. Agar "zohir yuzidin" kimki manfaat tilasa unga:
Dardu balo muhitig'a durdonalig' kerak.

Biroq shuni ham xotirdan chiqarmaslik zarurki, ishq zo'ridan "dardu balog'a hamdamu hamxonalig'" bilan "zohir yuzidin" toju izzu joh" hirsida "dardu balo muhiti"dagi "durdonalig'" orasida yer bilan osmon qadar tafovut bor.

Desang xalos o'lay borisidin Navoiydek,
Behudlug'u may ichmaku devonalig' kerak.

Oxirgi misradagi "buxudlug'", "mayxo'rlik", "devonalig'" holatlarini to'g'ri ma'nolarda anglash xatodir. Navoiy ta'kidlayotgan "bexudlug'" aql imtiyozlaridan baland ruhiy quvvatdir. Shunday bexudlug'dagi ozod qalbgina:

Ishq olamso'z keldi, qo'y fusuning, ey xirad,
Yetti chun yer-ko'kni yirtib arslon, ey tulku, qoch, –

deya oladi. May-chi? U ma'rifat nuri, haqiqiy ishq "sharobi". Bu "may"dan aql-hushini yo'qotgan odam dunyoga eng hushyor va teran nigoh bilan qarovchi

haqshunosdir. Bu toifa zotlarning nazarida zarbof to'nlar yopinib yurgan havoyi bandalar yaltiroq chibin ramziga aylanganliklaridan aslo ajab-lanmaslik kerak:

To'nni zarboft aylabon hiffatdin uchqon har taraf,
Yo'k, ajab gar bor esa dunyo matoi kom

anga.

Ul chibinkim, ko'zga oltun yanglig' shikor xil'ati,

Ko'praki, bilkim, najosat uzradur orom anga. Ushbu qit'ani o'qigan musavvir o'ziga xos bir jonli suvrat yaratishi mumkin. Unda shunday manzara aks etgan bo'lurdi: zarboft to'nlarga burkangan "oliysifat" bir kimsa. Yuzida mamnuniyat. Ko'zida xorislik. Yengiltaklikdan u go'yo qanot qoqay deydi. Zar to'n detali uning ichki ahvolini ko'rsatib tur-gandek. U dunyoparast ("dunyo matoi kom anga"). Mol yig'ish, davlat to'plashdan bo'lak balandroq talab yo'q unda. Bunda taajjublanmaysiz. Lekin achinasiz. Ittifoqo, oltin yanglig' yaltirab ko'rinayotgan chibinga ko'zingiz tushadi. Bu chibinning iflos joylarda qo'nib-uchishidan boxabarsiz. Mana suvratda ham qandaydir yoqimsiz ko'lka aksi. Chibinning orombaxsh joyi shu. Haligi dunyoparast bir zumda tasavvuringizda ana shu chibinga aylanadi. Nega buncha yaqinlik? Qayerdan bu o'xshashlik? Nafsu havodan! Nafs qo'g'irchog'i — zarboft kiyimli kimsa tilla chibindek har tarafga uchishga tayyor, chibin esa "najosat uzra" giriftor. Bundan ham ortiq ibratli ma'no va manzara yaratish mumkinmi?

FARD VA RUBOIYLAR SHARHI
FARD

Muruvvat barcha bermakdur, yemak yoʻq,
Futuvvat barcha qilmoqdur, demak yoʻq.

Sheʼrni chuqur anglash va sheʼr vositasida fikran sayr etishning birinchi sharti soʻzning maʼno haqiqati va oʻzgarishlari yoki yangilanishlarini yaxshi bilish hisoblanadi. Oʻquvchi u yoki bu soʻz va iboraning maʼno tarixini nechogʻlik puxta anglasa, sheʼr bilan muloqotga kirishishi yanada oson kechadi. Sheʼrning toʻliq holdagi talqini baʼzan bir necha soʻzning maʼnosi, yaʼni tub haqiqatini kashf etishga bogʻliq boʻlib qoladi. Ana shunda biron soʻz yoki istilohning matnlar tizimidagi maʼno boyishi, mantiqiy teranlashuvi, boshqacha rang va ohangda jilolanishini koʻrib hayron qolish mumkin. Bizningcha, Alisher Navoiyning «Favoyid ul-kibar» devoniga kiritilgan yuqoridagi fardidagi «muruvvat» va «futuvvat» haqida ham shunday deyish mumkin.

Chunki fardning mazmun-mohiyatini teran anglash, aynan shu ikki kalimaning maʼnosini imkon qadar toʻliq bilishni talab qiladi.

Muruvvat yaxshilik qilmoq va yaxshilikni sevish, mardlik, odamgarchilik va saxiylik demakdir. Olloh doʻstlarining lutf va ehsonlariga ham muruvvat deyilgan.

Bundan tashqari, do'stlarning ayb va qusurlaridan ko'z yumish, faqat maqbul ishlarni qabul aylab, nomaqbullarini rad etish ham muruvvat. Xatoiy avliyoullohning eshiklarini muruvvat eshigi deb hisoblaydi:

Eranlar eshigi, muruvvat eshigi,
Sidq ila kirganlar mahrum qolmas.

Umuman olganda, muruvvat sohibi shijoat va fidoyiligi, xolislik va marhamati bilangina emas, oqil va donishmandligi, mushohada va xoksorligi bilan ham boshqalarga o'rnak bo'la oluvchi kishidir. Najmiddin Kubro: «Himmat jam'iyatning mevasi, hatto jam'iyat siridir», - deydi. Ana shu «meva»ning «daraxt»i muruvvat ahlidurki, ularsiz hech qachon himmat asrorini mukammal anglab bo'lmaydi. «Muruvvatning zamini nima?» - deyilsa, hech ikkilanmay axloq quvvati va ko'ngul himmati, deyish lozim bo'ladi. Zero, muruvvatda hech qanaqa ikkilanish va taraddud zarracha bo'lsin, biror-bir maqsad yoki g'arazni ko'zlash bo'lmaydi. Hamma ish mutloq tarzda xolis ado etiladi. Chin ma'nodagi muruvvatli inson eng oxirgi burda nonini ham zzi yemasa yemaydi, ammo zarurat bo'lganda uni muhtoj kishiga beradi. Shuning uchun Navoiy: «Muruvvat barcha bermakdur, yemak yo'q», - deya saxovat va olijanoblikni «barcha bermakdur» iborasida mujassamlashtirgan.

Muruvvat va futuvvat so'zlarining fard

boshida ketma-ket kelishida ham tanosibiy bir talab bor. Chunki muruvvat kamolisiz futuvvatni tasavvur qilib bo'lmaydi: futuvvatni bir jism desak, muruvvat uning ruhi va yorqin ziyosi. Futuvvat yigitlik, mardlik va fidokorlik ma'nosidagi arabiy so'z. Futuvvat ahlini javonmardlar deyishgan. Xuroson va Turkistonda futuvvat maslagidagi kishilar javonmard nomi bilan atalgan. Javonmardlikda hamma yaxshi va ezgu ishlar asosan yoshlikka bog'lanadi, yoshlik kuch-quvvagi, yoshlik samimiyati va fidoyiligiga nihoyatda katta ishonch bilan qaraladi.

Ayrim tadqiqotchilar javonmardlik ta'limoti va harakatining yuzaga kelishini Qur'oni Karimning «Kahf» surasi o'n uchinchi oyati bilan bog'lashgan: «Darhaqiqat, ular Parvardigorlariga iymon keltirgan va biz iymonlarini ziyoda qilgan yigitlar (fatiy, fato)dir». Bunday yigitlar islom olamida Olloh amrlariga to'la-to'kis rioya qilish, zohiran va botinan axloqni go'zallashtirish, faqir-fuqarolarga beg'araz yordam ko'rsatishlari bilan dong taratishgan.

Ma'lumki, insoniyat uchun futuvvat yo'li xayrli, to'g'ri va hayotbaxsh yo'l bo'lgan. Futuvvatga bag'ishlangan qadimiy va mu'tabar manbalardan biri Abu Abdurahmon Sulamiyning «Kitob al-futuvvat»ida ta'kidlanishicha, hatto nabiy va payhambarlar ham javonmardlik ishqi va xulqi sharofatidan oliy saodat va maqomlarga erishganlar: «... Futuvvat ishqi ila Nux ko'p ingradi va nazarida futuvvat nuri porladi. Ibrohim Halilulloh futuvvat bilan nom chiqarib butparastlikning zararini isbot ayladi... Futuvvat bois Yusuf yo'llarning eng go'zalidan odim tashladi... Futuvvatni Dovuddan Sulaymon oldi, insu jinslar Sulaymon amriga tobe etildi... Iso futuvvat tufayli yorqin bir nur bo'lib porladi, Ruh va Masih unvonini oldi. Futuvvat sharofatidan Muhammad alayxissalomga ochiq fath berildi...» Ehtimol ana shu haqiqatni teran anglaganliklari uchun ham axli futuvvat fikriy torlik va diniy mahdudliklardan forig' bo'lishgan.

Naql qilinishicha, Abu Hafs Haddod bir masjidga to'plangan mashhur shayxlar huzuriga tashrif buyurib, fasih til bilan nutq irod etibdi. Shunda undan «Futuvvat nedur?» deb so'rashibdi. «Avval sizlardan birontangiz futuvvat neligini so'zlang», - debdi Abu Hafs. O'sha yig'inda ishtirok etayotgan Junayd Bag'dodiy: «Menimcha, futuvvat qilgan yaxshiliklar va nafsni unutmak, ya'ni qilgan ishlarini «men qildim», deya o'ziga nisbat va isnod etmaslikdir», - debdi. Buni eshitgan Abu Hafs: «Shayx ko'p go'zal so'zladi», - deya yana ilova qilibdi: «Menga ko'ra, futuvvat insof qilmoq, ammo insof tilashni tark qilmoqdir». Bu fikr o'shanda futuvvat haqida hali hech kim aytmagan fikr o'laroq e'tirof etilgan ekan. Ba'zi birovlarda: «Bu gaplarning Navoiy fardiga nima aloqasi bor?» degan savol paydo bo'lishi mumkin. Birinchidan, Navoiyning she'ri javonmardlik haqida tor tasavvurga ega o'quvchiga emas, futuvvat tarixi, maslak va qonun-qoidalaridan zarur darajada xabardor kitobxonga mo'ljallanganki, bunda ilm va ma'lumot hal qiluvchi ahamiyat kasb etadi. Buni, albatta, hisobga olish shartdir. Ikkinchidan, Navoiy: «Futuvvat barcha qilmoqdur, demak yo'q», der ekan, o'z hukmida Abu Hafs Haddod, Junayd Bag'dodiy singari futuvvat mohiyatini go'zal va ta'sirli ifodalarda ta'riflagan allomalarning qarashlariga tayan-ganini ko'rsatadi.

She'r bir ma'noda o'quvchining ilmi, didi, idrok va farosati oldida mas'uliyat sezish, uning zehniga ishonch demakdir. Ana shu mas'uliyat va ishonch mumtoz she'riyatimiz vakillarida nihoyatda baland bo'lgan. Shu bois, ular she'r yozish salohiyatini she'r o'qish, she'rni anglash qobiliyatidan ajratishmagan. Boshqalarning did va saviyasi bilan hisoblashmoq uchun ijodkor dastlab o'zining did va saviyasi xususida o'ylab ko'rishi zarurligi Navoiyning ijod namunalarida sezilib turadi. Bundan har qancha o'rgansa, har qancha ibrat olsa arziydi. Qolaversa, badiiy ijod uchun bag'oyat ahamiyat kasb etguvchi bu ish she'rdan yiroqlashgan yoxud she'rdan hafsalasi pir bo'lgan o'quvchining qiziqishini qayta jonlantirishga yordam ko'rsatishi ham ehtimoldan yiroqmas.

Xullas, Alisher Navoiy oʻnlab gʻazallarda aks ettirsa boʻladigan mohiyatni bor-yoʻgʻi bir misra bagʻriga sigʻdiradi. Shu birgina misra oʻquvchini futuvvat xususida yanada kengroq yanada koʻproq narsa bilish ehtiyojini kuchaytiradi.

Har bir oʻquvchi oʻz fikr-saviyasi doirasida futuvvat sirlarini ochishga oʻrinadi. Javonmardlik taʼlimotining ulugʻ vakillaridan biri Pahlavon Mahmud:

Gar dar safi mo moʻrchai girad joy,
On moʻrcha sheʼr gardad az davlati mo, -

yaʼni: agar safimizdan chumoli oʻrin olsa, ul zaif chumoli davlatimiz fayzidan sheʼrga aylanadi, deydi. Futuvvat insonni axloqsizlik, maʼnaviy ojizlik, fikriy qullikdan xalos etguvchi qudratli taʼlimotdir. Javonmardlar zulm va z)favonlikka qarshi adolat va shijoatni, jaholat va gʻaflatga qarshi aql va haqiqatni oyoqlantira olganliklari bois xalk ularga ishongan va suyangan.

Mansur Halloj «Kitob ut-tavosin»ida yozadi: «Iblis va Firʼavn ila futuvvat xususida bahslashdim. Iblis shunday dedi: «Sajda etsaydim agar, futuvvat mendan uzoqlashardi». Firʼavn aytdi: «Men ham Uning rasuliga inonsaydim, futuvvat maqomidan toʻshardim». Men dedim: «Soʻzimdan va daʼvomdan qaytsam edim, futuvvat vodiysidan tashqari otilardim».

Demak, hamma ham futuvvatni da'vo etishi va futuvvat haqida so'zlashi mumkin. Biroq futuvvat birinchi navbatda nafsni yengish va moumonlikdan tamoman yiroqlashmoq Haqni insondan va yaratiqlaridan ajratmaslikdir. Ana shunda inson «Futuvvat barcha qilmoqdir, demak yo'q», degan olamshumul bir haqiqatni kashf aylashdan ham, bor kuch-quvvati ila unga amal qilishdan ham o'zini cheklay olmaydi. Javonmardlik ishqi va qarashlarining Navoiy she'riyatidan keng o'rin egallash sababi ham shunda bo'lsa kerak.

Ruboiy

Alisher Navoiy ruboiylari tahliliga bag'ishlab o'ttizinchi yillarning oxirida yozilgan bir maqolada shoirning ishqiy she'rlarini ilohiy ishq yo'nalishida talqin etganlar "panislomistlar", "tuhmatchi razillar" deb qoralangan va tahqirlangan. Albatta, "tuhmatchi razillar" qatoriga qo'shilib qolishdan, Navoiy she'rlarida ilgari surilgan haqiqiy ishq g'oyalarini noto'g'ri va sayoz nuqtai nazarlarda izohlash oson va qulay edi. Keyinchalik, shoir lirikasidagi "so'fiyona qarashlar, tasavvuf ruhidagi kayfiyatlar" Navoiyning "haqsizlik, huquqsizlikning tub sabablarini" tushunib yetmaganligi bilan ham izohlanadigan bo'ldi. Gap shundaki, kimlarnidir Navoiy asarlarini "buzib ko'rsatish, xalqqa noto'g'ri tushuntirishda" ayblangan tadqiqotchilarning o'zlari ayni shunday usulda qalam yuritish bilan mashg'ul bo'lishgan. Navoiy lirikasining muhim bir qismini ruboiy janridagi she'rlar tashkil etishi ma'lum. Tarixiylik va haqiqat nazaridan qaraladigan bo'lsa, shoir ruboiylarining o'rganilishi va tahlillari ham qanoatlanarli emas. "Xazoyinul maoniy" devonidagi ruboiylarning aksariyatidagi bosh g'oya: zoti mutlaq sevgisi, vahdati jovidlik orzusi, hijron dardi, "may" va fonologik ulug'lashdir. Alisher Navoiyning pateistik nuqtai nazaricha, olamda Xudodan ayru bo'shliq bo'lmaganidek, uningsiz hech qanday to'lalik ham yo'q: "Kim andin erur to'la xalo birla malo". Agar Olloh quyoshga o'xshatilsa, bu – zarrani quyoshga tenglashtirishday nomuvofiq qiyos:

  Gar mehr aning misli degaylar uqalo,
  Mehr ollida zarra yanglig' o'lg'ay masalo.

Butun borliqni ilohiylashtirish ishonch shoir tasavvurlarini favqulodda jonlantirgan.

  Ko'k po'yavu sayr ila talabgor sanga,
  Kun sarg'aribon ishqda bemor sanga.
  Oy dog' ila qulluq aylab izhor sanga
  Tun anjumi naqdidin xaridor sango.

Ko'k, Kun, oy, Tun – bular bejiz tashxislantirilmagan. She'rdagi tasvirni o'quvchi o'zicha rivojlantirib, tog'ning aks-sadosi, bog'u bo'stonlarning g'aroyib navosi, daryoning ulug'vor oqimi va boshqa hodistolarda oyning "dog' ila qulluq" qilishi-yu, tunning porloq yulduzlarni sochib "xaridor" bo'lishini eslatadigan sirlarni kashf etadi. Bunday mushohada yo'liga tushgan ko'ngil uchun shoirning "YO rabki, inoyatingni yor ayla mango, Yo'qluqqa hidoyatingni bor ayla mango", degan iltijolari ishonarlidir.

Ahmad Yassaviy tomonidan chin oshiqlarga bunday ko'rsatma berilgan:

Ishq bog'ini mehnat tortib ko'kartmasang,
Xorlik tortib shum nafsingni o'ldirmasang.
Olloh debon ichga nurni to'ldirmasang,
Valloh – billoh senda ishqni nishoni yo'q.

Ishq bog'ini ranju zaxmat chekib yashnatish – shum nafsni yengishqan boshlanadi. Busiz "Olloh debon ichga nurni" to'ldirish xomxayoldir. Ma'shuqaning nuri jamoli dilni yoritgach, Ruh kamoliga xalaqit yetkazadigan o'tkinchi orzu havaslar barham topa boradi. Endi oshiq xonumondan ham, borliq dunyodan ham, "Ne kavnu makon, jonu jahondin" ham bemalol kecha oladi. Unda "har zulf xamig'a" bog'lanish yo'q. U "har ko'z havasidan" xastalanmaydi. Quyidagi ruboiyda shu mantiq go'yo davom ettirilgan:

Ko'nglum gulu sarv mayli qilmas, netayin?
Sarvu gul ila ochilmas, netayin?
Har sho'x ko'runsa, ko'zga ilmas, netayin?
Bir sho'xkim, ul tilar – topilmas, netayin?

Ko'ngil "gulu sarv"ga mayl qilmagach, "sarvu gul ila dame" ochilmasligi o'z-o'zidan tushunarli. Nega shunday? Sarkash koʻngil holiga hayron oshiq "Netayin?"dan oʻzga chora topa olmayotir. Shikoyatga yana shikoyat qoʻshiladi:

Har shoʻx koʻrunsa, koʻzga ilmas, netayin?

"Oʻzgalar husnin tomosha aylasa chiqsin koʻzim", deydi Navoiy bir gʻazalida. Biz bu gapni insoniy sadoqatning oliy ifodasi deb qabul qilamiz. Har shoʻxni koʻzga ilmaslik ham vafodorlikning yuksak namunasi. Zotan, she'r qahramoni xayolida bir mahvash yashaydi:

Bir shoʻxkim, ul tilar – topilmas, netayin?

Haqiqiy oshiq koʻpincha "Topmadim" yoki "Topilmas", deydi. Sharq she'riyatida "Topmoq - bu, yoʻqotmoq", degan mantiq qoida tusini olgan. Ruboiyda shoir ishqni, his, kechinmalarini shunday ifodalaydiki, uni real insoniy ishq deb atashga oʻquvchi taraddud qilmaydi. Ammo oshiqning ogʻir va

mahzun ruhiy holati, "har shoʻx"ga nisbatan "bir shoʻx" tasavvufdagi ideal obraz ekanligiga qarab, majoziy tasvirdan maqsad haqiqiy ishq boʻlganli-gini idrok etish qiyin emas. Mana shuning uchun bunday she'rlarni tasavvuf adabiyotining muxlislari zoʻr ishtiyoq bilan oʻqiganlar. Navoiyning koʻp ruboiylarida bir ma'no ortida ikkinchi, aytish mumkinki, asosiy ma'no yashiringandir. Bu ma'nolarni kashf qilmoq uchun har bir toʻrtlikdagi ramziy belgi, ishorat, obraz, ohang va maxsus ta'birlar bilan qiziqish kerak.

O'lsam yasamang munda mazorimni mening
Yuklab eliting jismi figorimni mening.
O'tru chiqorib ahli diyorimni mening,
Ko'yida qo'yung tani nizorimni mening.

Bu ruboiydagi dard – musofirlik dardi. N.M.Mallayev unda shoir "hayotinigina emas, balki qabrini ham diyori bilan bog'lab, jasadining diyori tuprog'i qo'ynidan joy topishini" istaganligini ta'kidlaydi. Yoru diyoridan ayriliqdagi odam o'z eli va yurti visoliga yetishsa – dunyoning ulug' shodligiga yetishadi. Va "tani nizor", ya'ni kuchsiz – madorsiz vujud kamida quvvat topadi. Xastayu abgor bir "jism"ning ko'tarib keltirilishi hamda "ahli diyor" uni qarshi olishi: ta'sirlantiradigan manzara. Bular ruboiydagi dastlabki ma'no qatlamiga doir gaplar. Ikkinchi ma'no haqida so'zlashdan oldin Jaloliddin Rumiy to'rtliklaridan biriga murojaat qilaylik:

Gar man bimuram, maro biyored shumo,
Murda ba nigori man supored shumo.
Gar bo'sa dihad bar labi po'sidan man,
Gar zinda shavam, ajab madored shumo.

Mazmuni: Gar men o'lsam, meni olib ketinglar sizlar.
Murdamni nigorimga topshiringlar sizlar.
U mening chirigan labimdan o'psa,
Gar tirilsam ajablanmanglar sizlar.

Yuzaki qaralganda, Rumiyning to'rtligi ham musofirlik hasratini ifodalaydi. Chunki bunda ham "Gar o'lsam meni g'aribmazor qilmanglar", degan o'tinch bor. Imom G'azzoliyning fikricha, chin so'fiy har kuni kamida yigirma marotaba o'limni xotirlashi lozim. So'fiy o'limni esladimi, demak u haq bilan qovushish yo'lida o'limni taslim qila boradi. So'fiyning boqiy tirikligi – "o'lim". Shu bois Rumiy o'lgandan so'ng ham Nigorim chirigan labimga lab bossa tirilishimdan ajablanmanglar deb ogohlantirgan.

Adabiy tiriklik talaba odamning ongiga tashqaridan kiritilmagan, bu azaldan uning ruhiyatida pinhondir. Shu tuyg'uning shakllanishida tasavvuf samarali ta'sir ko'rsatgan. Navoiy ruboiysiga qaytaylik. Shoir o'z iqroriga ko'ra uning olib ketilishi kerak bo'lgan jismi – "jismi figor"dir. Figor – jarohatli, yarali degan mazmunni bildiradi. Tasavvuf falsafasida tavhidning yetti ko'rinishidan bittasi "figor" deb atalgan. Figor – aqlni poklash jarayoni. Pokiza aql insonni ayb va kamchiliklardan qutqarib, ruhiy hayotga rag'batlantiradi. Navoiy shafqat istab "Yuklab eliting jismi figo- rimni mening", demaganidek, odamlarni musofir qayg'usiga munosabatga ham chorlamagan.

Rivoyat etilishicha, Madinada bir kishi vafot etibdi. Muhammad payg'ambar marhumning janozasini o'qiganlaridan so'ng, "Bu zot musofirlikda vafot qilsa qandoq yaxshi bo'lurdi?"— degan ekanlar. "Nima uchun, rasululloh?" deb so'rashganda, u: "Odam musofirlikda o'lsa, tug'ilgan joyidan o'lgan joyiga qadar masofa chegarasida unga jannatdan joy ajratib beriladi", deb javob bergan ekan. Ruboiy lirik qahramonida jannatdan o'rin egallash da'vosi bo'lmasa-da, u ham musofirlikdagi o'limni fojia hisoblamagan. Umuman she'rda fo-jia ruhi yo'q, balki o'lganda ham o'lmaslik ishonchi hokimdir. So'nggi satrga yana diqqatni qarataylik:

    Ko'yida qo'yung tani-nizorimni mening.

Kimning ko'yiga? Ahli diyorningmi? Yo'q, Yerning. Umuman, jism Haq kuyini paydo qilmaguncha, ko'ngul – ma'vosini, ko'z – tamoshosini, ashk – yo'lini topolmaydi. Bu haqiqatni Navoiy ruboiyda bunday darj etgan:

    Ey jism, aning ko'yin paydo qilako'r,
    Ey ko'ngul, o'shul ko'yni ma'vo qilako'r.
    Ey ko'z, sen oning yuzin tamosho qilako'r,
    Ey ashk, oning ko'yi sori oqilako'r.

Tasavvur etaylikki, "Ko'yida qo'yung tani nizorimni mening", degan talab amalga oshirildi. Nima hodisa ro'y beradi? Rumiy ochiq so'zlagan bu hodisani Navoiy sir saqlagan. Navoiy garchi "Murda jismimning tirilishidan ajablanmanglar sizlar", demagan bo'lsa-da, ayni shu mantiqni oxirgi ikki misra bag'riga singdirgan.

Ma'lumki, Farididdin Attor singari tasavvuf adabiyoti vakillarining ta'limotlariga binoan ishq ahlini bir necha toifaga ajratish mumkin. Birinchisi – ma'shuqa jamolini ko'rib u bilan birlashib, qovushib ketmoqni istaydigan oshiqlar. Ikkinchisi – yor uchun jondan kechib o'zini qurbon qilishni xohlaydigan oshiqlar. Uchinchisi – ishqdan bo'lak hech kim va hech nimani o'ylamaydiganiqlar. Navoiy ruboiylarida u yoki bu shakllarda ushbu uch toifaga mansub oshiqlarning qalb kechinmalari aksini topgan.

       Ko'nglumni g'amu dard ila qon ayladi ishq,
       Ko'z yo'lidan ul qonni ravon ayladi ishq.
       Har qatrani bilmadim qayon ayladi ishq,
       Bedil ekonim bo'yla ayon ayladi ishq.

Qani dili bu bedilning? –degingiz keladi. Uning ko'nglini qon aylagan – ishq. Ko'z yo'lidan qon oqizgan – ishq. Lekin u ishqdan rozi. Chunki u ishqning inson qismatidagi rolini chuqur tushunadi. Uning "bedil"ligini ayonlashtirgan ham ishqning tengsiz qudratidir. Uning Dili – Haq. Shuning uchun u "Bedillik o'tidin meni qutqarg'il axi" deya go'yo ishqqa yolvoradi.

"Biz odatda klassik lirikada tasavvuf masalasini haligacha ibtidoiy bir necha da'vo bilan qoplab ketamiz, – deb yozgan edi Maqsud Shayxzoda.–Holbuki, g'azalda tasavvuf unsurlarini to'g'ri ko'ra bilish va ularni shoirning muhiti, iste'dodi, dunyoqarashi bilan bog'lab bir manzara yaratishimiz lozim". Tasavvuf ruhi va unsurlari to'g'ri aniqlanmaganligi sababli Navoiyning ko'pgina ruboiylari ham asil mazmunlarida talqin etilmagan.

Yo'q dahrda bir besaru somon mendek,
O'z holig'a sargashtau hayron mendek.
G'am ko'yida xonumoni vayron mendek,
Alqissa, aloxonu alomon mendek.

Bu ruboiyni Hodi Zarif Navoiyning "qarigan chog'ida umrida ko'rmish ham kechirmishlariga yakun yasab, o'z davridan noroziliklarini, baxtsizlik va qayg'ularini" ifodalagan ruboiylaridan deb xarakterlaydi. Avvalo, bu ruboiy shoirning yoshlik yillarida yozilgan. Ikkinchidan, "o'z holig'a sargashtau hayronlik" davrdan norozilikni ham, baxtsizlikni ham aks ettirmaydi. Oshiqlikdagi ushbu holat "jon ko'zi" Yorni ko'rib, "dil ondin xabar" berganda sodir bo'ladi. Bu – ilohiy ishqdagi kamolot bosqichi va bunga yetishish oshiqning asosiy orzusi.

Ruboiyda izhor etilgan "besaru somon"lik, "g'am ko'yida xonumoni vayron"lik ayni shu "bechoralik" va "ovoraliq" tilagining voqe bo'lishidir.

Masalaning mohiyatini faqat Navoiyni islomdan judo qilish yoki judo qilmaslikda deb bilmaslik kerak, albatta. Navoiy ijodiyotini bilib-bilmasdan Islom va tasavvufdan uzoqlashtirish, kamida, Haqiqatni tahqirlashdir. Mana shu adolatsizlikka chek qo'yish vaqti yetdi.

G'AMU DARD - ISHQ SHAVQI 98-103
Ko'glumni g'amu dard ila qon ayladi ishq,
Ko'z yo'lidin ul qonni ravon ayladi ishq.
Har qatrani bilmadim qayon ayladi ishq,
Bedil ekanim buyla ayon ayladi ishq.

O'tmishda oriflardan biri: «Ko'ngil bo'lmasa, ishq qayerni vatan aylar? Ishq bo'lmasa, ko'ngil nima ishga yarar?» degan ekan. Shuning uchun ko'ngil hayotini ishqsiz, ishq kamolini ko'ngilsiz tasavvur etib bo'lmaydi. Bo'lar bir-biriga shu qadar yaqin, bir-biriga hamnafas va hamqadam. Faqat ishq-hokim, ko'ngil –tobelikka mahkum, ishq - o't-alanga yoqar, ko'ngil - shu olovda yonar. Uning tolei shu: yonish, lekin kulga aylanmaslik, dard, alam va hasrat otashida tinimsiz toblanish va zavq-shavqdan tonmaslikdir. Navoiyning «Badoye' ul-bidoya» devoniga mansub ushbu ruboiysi ham ishq va ko'ngil haqidagi mitti bir she'riy «hikoyat»dir. Undagi «bosh qahramon» - Ishq. Chunki oshiq ko'nglini «g'amu dard ila qon» aylagan, «ul qonni» ko'z yo'lidan ravon oqizgan, «har qatrani» beiz qayonlargadir pinhon etgan va nihoyat «bedil»likni ayon etgan shu rahmsiz Ishqdir. «Qon», «ravon» so'zlari ko'ngil va ko'z ahvolini aniq gavdalantiradi. «Bedil»likka tegishli e'tirof esa o'quvchida fikr ko'zgaydi. Tabiiyki, bu fikr-mulohazalar faqat ko'ngilga emas, ishqka ham daxldor bo'ladi.

Umuman olganda, ishq Navoiy she'riyatidagi juda murakkab, munozarali va serqirra mavzulardan biridir. Uni anglash va hal qilish osonga o'xshab ko'rinsa-da, mohiyatiga yetib borish oson emas. Shuning uchun yuqoridagi ruboiyga o'xshash she'rlarni tadqiq yoki tahlil qilganda, ularning mazmun-mohiyatiga imkon qadar kengroq yondashish, ishq turlari (majoziy, ruhoniy, ilohiy ishq)ni e'tiborga olgan holda mulohaza yuritish kerak bo'ladi. Chunki ishq kalimasiga asoslanib qaysi bir tadqiqotchi Navoiyni faqat majoziy muhabbat kuychisi o'laroq tanitishga urinsa, boshqa birlari uni so'fiy shoirlar davrasiga qo'shishga rag'bat aylashi mumkin. Bunday «musobaqa» kundan-kun yorqinroq ko'zga tashlanib borayotir. Ahvol shunga yetdiki, hatto ulug' shoirning oddiy bir inson sifatida qachonlardir qay bir qizni yaxshi ko'rganini inkor etuvchi fikrlar ham o'rtaga tashlandi. So'zimiz asossiz bo'lib qolmasligi uchun bir misol keltiraylik. Bundan bir necha yil oldinroq bosilgan bir risolada shunday fikrlar yozilgan: «Lison ut-tayr» dostonidagi bir bayt navoiyshunoslikda bevosita shoirning shaxsiy hayotiga bog'lab talqin qilindi. Bu ko'sh misrada Navoiy o'z ishqini sharh aylaydigan bir doston yozish niyati borligini aytgan:

Bir necha kun umrdin topsam omon,
Sharhi ishqim nazm etay bir doston.

Baytdagi «ishqim» so'zini olib ayrimlar Navoiy ham bir qizni sevgan, bu haqda o'z tarjimai holi bilan bog'liq doston yozmoqchi bo'lgan, biroq uning orzusi ushalmay qolgan, degan xulosani ilgari suradilar. Fikr fanda qat'iylashdi. Uni hozircha hech kim rad etgan emas. Ilmda rad qilinadigan va rad qilinmaydigan fikr bor. Agar qaysi navoiyshunos "ishqim" so'ziga asoslangan holda Navoiy ham bir qizni sevgan, ayni Shayx San'on hikoyatining oxirrog'ida o'zining ishq tarixidan hikoya qiluvchi bir doston yaratishni aytgan, degan xulosa chiqargan bo'lsa, demak, nihoyatda to'g'ri xulosani ilgari surgan. Chunki Navoiy «bir qiz»ni sevmaganda, o'shal ma'shuqaning ishqi bilan kuyib-yonmaganda, bu qadar hassos va hayotsevar san'atkor maqomiga ko'tarila olmasdi».

Bizning bu haqiqatga zarracha shubhamiz yo'q. Xalq tasavvuriga x,am tula ishonamiz.

Chunonchi, halk rivoyatlaridagi Guli timsoli osmondan olinmagan, balki ma'lum bir hayotiy-tarixiy asoslarga ega bo'lgan. Iqtibos keltirilgan fikr muallifi bunga ham qarshi chiqadi: «Balki Gulining hayotdagi asli (prototipi) bulgandir? Yo'q! Masalaga «Lison ut-tayr»ning o'zidan kelib chiqib yondashsak, ayon bo'ladiki, Navoiy «ishqim» deganda biz tushungan ma'nodagi oddiy sevgini, ya'ni o'zining biron qizga muhabbatini emas, aksincha, ma'naviy, ya'ni keng ma'nodagi ishqni, yanada aniqroq qilib aytsam, haqqa – Tangriga ishqini ko'zda tutgan».

Biz hanuzgacha, Navoiy ishq haqida yozganda yolg'iz insonning insonga bo'lgan muhabbatini nazarda tutgan, Navoiy kuylagan ishq - haqiqiy ishq emas, dunyoviy ishqdir, degan bir yoqlama hukmlardan qutula olganimiz yo'q. Navoiyning ishqi faqat haqqa - tangriga tegishli deyish, yumshoq qilib aytganda, oldingiga nisbatan ham ortiqroq bir yoqlamalik va mahdudlikdir. Qolaversa, Navoiyni ulug'lash emas, kamsitish bu! To'g'ri, ba'zi «radikal» so'fiylar maxluq (yaratilgan narsa) muhabbat Xoliq ishqiga hijoblik qiladi, shu bois, faqat Haq ishqiga g'arq bo'lish lozim, degan aqidaga tayanishgan. Ammo tasavvufning tub mohiyatini teran bilgan, insonning bu dunyodagi o'rni va mavqeini mukammal mushohada qilgan hech bir tariqat arbobi yoki mutasavvif ijodkor majoziy ishqqa tahqir nazari ila qaramagan. Shu ma'noda juda xarakterli bir hodisaga e'tiborni qaratmoqchimiz. Muhiddin ibn Arabiy haj ziyoratiga borganda, Makinuddin Isfaxoniy degan bir zot bilan tanishadi. Isfaxoniyning Shamsunnizom degan yosh qizi bo'lib, uning tengsiz go'zalligi, hayo va malohati Ibn Arabiy ko'ngliga nihoyatda kuchli ta'sir o'tkazadi. Arabiy bu bokira dilbarning go'zalligini madh aylab she'rlar bitishdan o'zini tiya olmaydi. Nihoyat, o'sha she'rlar «Tarjimon ul-ashvoq» nomi bilan alohida to'plam qilinadi. Uni o'qigan muxoliflari Shayxi Akbar, ya'ni Ibn Arabiyni haqikiy ishq mohiyatiga qarshi ish qilganlikda ayblaydilar. U esa bu iddaolarni butunlay rad etadi. Shamsunnizom madh etilgan she'rlardagi ilohiy sirlar, ma'naviy go'zalliklar va mislsiz sifatlarning barchasi ramz yoki timsollar ekanligini sharhlab beradi.

Shu zaylda «Tarjimon ul-ashvok» uchun yozilgan yangi sharhlar kitobi dunyoga keladi. Ibn Arabiy bu haqda shunday deydi: «Tarjimon ul-ashvok»dagi she'rlarni o'qigan Halabning ayrim olimlari meni qattiq tanqid qildilar. Holbuki, Nizomiyga bag'ishlangan she'rlar ilohiy fayzlar, ruhoniy kashflar, yuksak yaqinliklarga ishorat etar. Men ilohiy sir, rabboniy ma'rifat, ruh asrori, aqliy ilmlar, shar'iy talablarni g'azal va tashbeh tilida ifodalaganman... «qosh», «ko'z», «kiprik», «yuz», «yanoq», «ter» va ayolning boshqa go'zalliklarini ta'rifu tavsiflagan bo'lsam, bu bilan Haqdan yetgan asror va nurlarga ishorat etganman, ulviy va qudsiy sifatlarni tilga olganman». Boshqa bir o'rinda Ibn Arabiy: «... Xotin-qizlarning qadrini va ularning sirlarini (nozikliklarini) anglagan kimsa, ularni sevishda zohidlik qilmas, bil'aks, ayollarni sevmak, oriflik kamolidandir», - deydi.

Alisher Navoiyning ham ishq yo'li - xuddi mana shunday yo'l: zamin go'zallarini sevish, e'zozlash va ularning ishqiga mubtalo bo'lishni tasvirlovchi yo'ldir. Navoiyning turli janrlardagi minglab baytlarida go'zallar sochi, qoshi, ko'zi, yuzi, xol va yonog'i, xat va labi, qaddi-qomati madh etilgan.

Masalan, shoir bir ruboiysida:

Ko'z birla qoshing yaxshi, qabog'ing yaxshi,
Yuz birla so'zing yaxshi, dudog'ing yaxshi.
Eng birla mening yaxshi, saqog'ing yaxshi,
Bir-bir ne deyin boshtin ayog'ing yaxshi, -

deydi. Albatta, bunday misralarni o'qish juda yoqimli va ular ko'z, qosh, qaboq, yuz, so'z yoki xol, xat go'zalligidan boshqa bir narsani xayolga keltirishga unchalik imkon bermaydi. Biroq ramz va timsol darajasiga ko'tarilgan ushbu «unsur»larda bir-birini inkor etmaydigan ikki maqsad aks ettirilgan. Birinchisi, go'zallik va nafosatda yorning tengsizligini ko'rsatish.

Ikkinchidan, shu go'zallik va nafosat, ayni paytda, ilohiy sifatlar, qudsiy fayzlarga bir mazhar ekanligini kashf qilish. Shuning uchun bunday maqsad insonga qarash va munosabatni tubdan o'zgartiradi, ya'ni insoniylik mohiyati - ilohiylik mohiyatidan ayri emasligini, ilohiy sifatlarni zohir etish faqat insonga ato qilinganini anglashga keng yo'l ochadi. Bunda bashar manfaatlariga zid keladigan, uni cheklaydigan hech qanday mantiq yo'q. Aksincha, soch, qosh, ko'z, yuz kabilar orqali ifodalangan ichki ma'nolardan ogoh bo'lish yor go'zalliklariga ishonchni mustahkamlabgina qolmasdan, tasavvurda yangi fikriy harakat va imkoniyatlar hosil qiladi. Oshiq uchun bu o'ziga xos bir evrilish nuqtasidurki, unga yuksalmasdan hech bir oshiq sevgida xudbinlik, nafsoniylik va qo'pollik ofatlaridan forig' bo'lolmaydi.

Tasavvuf ahlining majoziy sevgiga, Navoiy so'zlari bilan aytganda, «jismoniy lazzat va shahvoniy nafs bilan chegaralanadi»gan muhabbatga past nazar bilan qarashlarinint bosh sababi ham ana shunda. Ularga ko'ra, majoziy va tabiiy deb atalmish bashariy sevgida oshiq ma'shuqani faqat o'zining nafsi, xudbinligi, lazzati uchun sevar va jismoniy manfaatlarga tobe bo'lar. Shuning uchun u avom sevgisidir. Avom fikri va harakatlarida alohida bir xosiyat bo'lmaganidek, sevgisida ham ma'naviy-ruhiy xususiyat yo'qdir. Bunday past darajadan qutulishning birdan-bir yoʻli esa ruhoniy ishq martabasiga koʻtarilish erur. Sharq shoirlari, jumladan, Alisher Navoiyda ham: «Ishq agar komildurur, oshiq qilur ma'shuqni», degan fikr bor. Bu fikrni qanday ma'noda qabul qilish kerak? Bunda gap ruhoniy sevgi haqida. Ruhoniy sevgi majoziy muhabbatdan balandga yuksalish va haqiqiy ishqqa yaqinlashish martabasi hisoblanadi. Bu martabaga erishgan inson uchun asosiy muddao ma'shuqaning koʻnglini zabt aylashdurki, oʻrtada hech qanday xususiy maqsad qolmadi. Chunonchi, oshiq dastlab butun borligi ila ma'shuqasini sevar, uning koʻngliga oʻzini taslim etar, oxir-oqibatda esa uning ishqi bilan yuzma-yuz qolib, ishqda oʻzini butunlay foniy qilar. Bunday ishq ruhiy kamolot va koʻngil pokligining garovidir. Majnunning Layliga ishqi - ana shunday ishq. «Layloning Majnuni ruhoniy ishq maqomiga yetishgan. Chunki, u nima toʻgʻrisida gapirmasin, «Laylo, Laylo!», deya faryod chekardi. Zero, oʻzini Laylo uchun fano boʻlganligiga ishonardi», deydi Ibn Arabiy. Bu ishqning tamali ham, oliy choʻqqisi ham poklik, pokbozlik va ruhoniy huzur-halovatdir. Demak, Majnunning ishqi - ilohiy emas, ruhoniy ishq. Ollohning yerdagi xalifasi boʻlmish insonga yoʻnalgan ishqdir.

Uning ruhi samoviy yuksakliklarga sayr etarkan, buning ilhomchisi, eng avvalo, Layli erur. Majnun ishqining komilligi tufayli oshiqka xos bir qator sifat va fazilatlar Laylida namoyon boʻladi. Navoiy bir ruboiysida:

YO koshifi asrori nihon boʻlsa kishi,
Haloli rumuzi osmon boʻlsa kishi.
YO oshiqi zoru notavon boʻlsa kishi,
Devonavu rasvoyi jahon boʻlsa kishi, -

deydi. Majnun «oshiqi zori notavon», «devonavu rasvoyi jahon» boʻlgan kishi. Uning hurriyati ham, ibrati ham ana shunda. U Haqqa fano boʻlishni emas, ishqqa fanolik tariqini tanlagan. Faqat Majnunga oʻxshash, yoki Majnunga izdosh oshiqlargina: «Koʻnglumni gʻamu dard ila qon ayladi ishq...», deyishga haqlidir. Chunki ularning dili ham, dini ham, imon-eʼtiqodi ham Ishq va Goʻzallikdir. Shu bois «bedil»lik ularga qismat erur.

QIT'ALAR TAHLILI
«TAVOZE' YAXSHI, AMMO...» 137-141 betlar

Tavoze' yaxshi, ammo yaxshiroqdur
Agar, da'b etsa oni ahli davlat.
Erur ham afv xo'b-u xo'broq ul,
Ki zohir bo'lg'oy el topqonda qudrat.
Ato ham turfa ishdur, turfaroq bil,
Agar, yo'qdur oning yonida minnat.
Hakim insonni komil debtur, oni
Ki zotida bo'lg'ay bu necha xislat.

Rivoyat etilishicha, bir ov paytida Xusrav Parvezning tojidagi bitta gavhar yo'qolibdi. Lekin ov vaqti buni hech kim payqamabdi. Shoh shaharga qaytgachgina sezibdi-yu, g'ala-g'ovur boshlanibdi. Chunki o'sha gavhar shunchalik qimmatbaho ekanki, uning narxi butun mamlakatning bir yillik xirojiga teng ekan. Shuning uchun uni topib keltirgan kishiga katta mukofot va'da qilinibdi. Bir guruh xaloyiq gavhar axtarishga dashtu biyobonga chiqibdi. Ittifoqo, ular ikki odamga duch kelishibdi. Biri - g'ofil, ikkinchisi - ogoh kishi ekan. Biri Mudbir, ikkinchisi Muqbil ekan. Ular shu biyobondan o'tib shahar tomon borayotgan edi. Gavhar izlayotganlar oldidan Mudbir salom-alik qilmay gerdaygancha o'tib ketadi. Muqbil odob bilan bosh egib salom beradi. Shu paytda oyog'i tagidagi gavharni ko'rib, gavhar izlovchilarga olib uzatadi. Va'da etilgan mukofot Muqbilga berilib, shohning nazariga tushadi. Mudbir nimaga erishadi? U shahar hammomiga gulax bo'ladi. Bu rivoyat tavoze'ning xosiyati va sharofati xususida. Hazrat Navoiy «Tavoze' - kishiga xalq muhabbatini jalb qiladi», tavozeli odamlarga «hamma ta'zim qiladi va hurmat bildiradi», degan fikrini ana shu rivoyat orqali tasdiqlaydi. Tavoze nima? Bu savolga ham rivoyatda javob bor. Tavoze' insoniy xislatlarning qimmatbaho gavhari, xulq va odob bezagi. U xoksorlik injusi. Maqsad gavharlari tavoze'li kishilar oyog'i ostidadur. Shuning uchun Mir Alisher Navoiy qit'ada tavoze'ning yaxshiligini ma'lum qilish bilan kifoyalanmasdan, uni odatga aylantirmoqqa undagan. Lekin bu ko'proq «ahli davlat»ga qarata aytilgan. Chunki ularning aksariyatida tavoze' yetishmaydi. Afv etish - kechirish. Kechirimli bo'lmoq - qudrat kasb etmoq. Hazrat Navoiy odamiylik qudrati tufayli amalga oshiriladigan afvni yuksak baholaydi:

Erur ham afv xubu xubroq ul,
Ki zohir bo'lg'oy el topqonda qudrat.

Ato so'zining ikkinchi ma'nosi muruvvat qilmoq, in'om-ehson bermoq- Lekin muruvvat va himmat yonida minnat sezilsa, bu muruvvatsizlikdan ham yomondir. Shuning uchun Mir Alisher Navoiy:

Ato ham turfa ishdur, turfaroq bil,
Agar yo'qtur oning yonida minnat, — deb

nasihat qilganlar. Qayd etilgan «bu necha xislat» odamiylik uchun zarur fazilatlardir. Kimning zoti shu fazilatlardan marhum emas ekan, faylasuf hukmicha o'sha odam insoni komildur:
Haqim insonni komil debtur oni,
Ki zotida bulg'ay bu necha xislat.

«G'AZALDA UCH KISHI...»
G'azalda uch kishi tavridur ul nav
Kim andin yaxshi yo'q nazm ehtimoli.
Biri mu'jiz bayonliq sohiri hind,
Ki ishq ahlini o'rtar so'zi holi.
Biri Iso nafaslik, rindi Sheroz,
Fano dayrida mastu louboli.
Biri Qudsi asirlik Orifi Jom,
Ki, jomi Jamdurur singon safoli.
Navoiy nazmiga boqsang emastur,
Bu uchning holidin har bayti xoli.
Hamono ko'zgudurkim, aks solmish,
Anga uch sho'x mahvashning jamoli.

Mazkur qit'ani hazrat Navoiy g'azalchilikdagi ustodlari ta'rifiga bag'ishlagan. Birinchi baytdagi fikr umumiy. Unda g'azalda uch kishining uslub va ravishi yaxshi ekani, ulardan o'tkazib she'r yaratish mushkul ishligi ta'kid-langan. Keyingi ikki qator shu uch g'azal ustasining biri haqida:
Biri mu'jiz bayonliq sohiri hind,
Ki ishq ahlini o'rtar so'zi holi.

Bu «sohiri hind» - Xusrav Dehlaviy. Shu

bir baytda Dehlaviy iste'dodi bilan bog'liq muhim fazilatlar tilga olingan. Birinchidan, u she'rda ifoda siqig'ligi, ya'ni «mu'jiz bayonliq»qa erishgan. Shu mahorati tufayli uning o'zi sohir, so'zlari sehrli. Ikkinchidan, bu shoirning qalbi yolqinli. Ruh va holatlarida ham so'zonlik aks etadiki, bular ishq ahlining bag'rini o'rtaydi. Navbatdagi satrlarni o'qiymiz:
Biri Iso nafaslik rindi Sheroz,
Fano dayrida mastu louboli.
Rivoyatlarga binoan, Iso nafasi bilan o'likni ham tiriltira biladigan payg'ambar bo'lgan. Mir Alisher Navoiy Isoga o'xshatayotgan «rindi Sheroz» - nafasi o'tkir buyuk fors shoiri Xoja Hofiz Sheroziydir. U fano mayxona-sining rindi. Rindligi uchun ham ko'ngli foniy dunyoning o'tkinchi g'am-tashvishlaridan forig'. Hofizning g'azallari murda ko'ngillarni ham tiriltiruvchi ohanglari, haqiqat mayi madh etilgan ma'nolari bilan o'quvchi qalbini larzaga soladi.
Biri qudsi asirlik Orifi Jom,
Ki, jomi Jamdurur singon safoli.
Bu bayt Abdurahmon Jomiy madhiga bag'ishlangan. Bunda Jomiy poklik (kudsi asirlik) timsoli qilib ko'rsatilgan. Ikkinchidan, u Jom shahridan chiqqan orif, xaq ilmining allomasi. Shuning uchun uning oddiygina safol idishi (hatto singan safoli) shoh Jamshidning mashhur Jomi bilan tengdir. Bu obrazli fikr bevosita Jomiyning ijodiga ham tegishlidirki, uning «singon

safoli»dan zavq va ma'rifat simirgan kishilarning orifga aylanmasligi mumkin emas.
Navoiy nazmiga boqsang, emastur,
Bu uchning holidin har bayti xoli.

Demak, Hazrat Navoiy she'riyatiga nazar tashlagan kishi «bu uchning», ya'ni Xusrav Dehlaviy, Hofiz Sheroziy va Abdurahmon Jomiyning ta'sirini biladi. Bobomiz qit'a oxirida o'z she'riyatini ko'zguga, ustozlarini esa shu ma'naviy ko'zguda jamoli aks etgan uch «mahvash»ga nisbat bergan:
Hamono ko'zgudurkim, aks solmish,
Anga uch sho'x mahvashning jamoli.

Bu qit'a faqat ustozlarga hurmat-ehtirom ma'nosidagina emas, do'stlikni ulug'lash jihatidan ham ibratli. Axir, unda ta'riflari bitilgan uch shoir ham forsiy adabiyotning yirik vakillaridir.

III BOB G'AZALLAR OLAMI

Tajribadan ma'lumki, durdona asarlarning sharh va talqinlari ko'p bo'lishi tabiiy. Holbuki, tadqiq etilayotgan badiiy matn o'shanday talqinlarga ham imkon berishi bilan betakror. Navoiyning ayrim g'azal va ruboiylari ham bir qancha tadqiqotchi olimlar tomonidan amalga oshirilgan va bir-biriga o'xshamaydigan sharhu talqinlari mavjudligi bilan ajralib turadiyu lekin ularning hammasida ham shoirning badiiyat olamiga chuqurroq kirishga va butun ma'no qirralari bilan teran va har tomonlama keng idrok etishga harakat qilinganini kuzatish mumkin. Bu esa shoirning boshqa asarlarini tushunish va talqin etishga yo'l ochadi.

3.1. Alisher Navoiy g'azallari tahlili tarixiga bir nazar

"SEN O'Z XULQINGNI TUZGIL..."

Sen o'z xulqungni tuzgil, bo'lma el axloqidin xursand,

Kishiga chun kishi farzandi hargiz bo'lmadi farzand.

Zamon ahlidin o'z payvand, agar desang birov birla

Qilay payvand bore, qilmagil noaxl ila payvand.

Ko'ngul komini qo'y, gar xud mening devona ko'nglumni

Toparsan uyla yuz parkandu sol har itga bir parkand.

Eshitmay xalq pandin, turfakim pand elga ham dersen,

Qila olsang, eshitgil pand, sen kim, elga bermak pand.

Bu foniy dayr aro gar shohlig' istar esang, bo'lg'il

Gadolig' nonig'a xursandu bo'lma shahg'a hojatmand.

Bo'lib nafsingg'a tobi', band etarsen tushsa dushmanni,

Senga yo'q, nafsdek dushman, qila olsang ani qil band.

Shakarlablar tabassum qilganin ko'rgach ko'ngul berma

Ki, bedillarni achchig' yig'latur oxir bu shakkarxand.

Jahon lazzotini shirin ko'rarsen, lek bandingdur,

Giriftor o'lma, voqif bo'lki, qaydu qand erur monand.

Ko'nguldin jahl ranji dofii gar istasang, bordur

Navoiy bog'i nazmi shakkaristonida ul gulqand.

Nodir iste'dod sohibi Navoiy ijodining ilk bosqichlaridayoq daho san'atkorlarga xos noyob va betakror fazilatlarni namoyish eta olgan. Ulug' shoir qanday she'r yozmayin «ki har harfi bulg'ay aning durri pok», deganida aslo mubolag'a qilmagan. Uning yigitlik davrlarida bitilgan «Sen o'z xulqingni tuzgil, bo'lma el axloqidin xursand» misrasi bilan boshlanadigan «Badoyi' ul-bidoya» devonidagi g'azalining ham har so'zi o'ziga xos teran pandnomadir. Fazal o'z xulq-atvori xususida chuqur o'ylamaydigan, aniqrog'i, o'ziga-o'zi tanqidiy qaray bilmaydigan kimsalarga murojaat bilan boshlanadi. Ma'lumki, el axloqining kamoli bevosita shaxs xulqining tuzalishi va kamol topishiga bog'liq. Bu esa har bir kishining zimmasiga o'ziga yarasha mas'uliyat yuklaydi.

Abu Nasr Sarrojning aytishicha, axloq-odobda insonlar uch toifaga bo'linadi. Birinchisi, dunyo ahli - bu toifa adablarining asosi fasohat, balog'at, nafosat ilmlarini egallash erur. Ikkinchisi, din ahli - bu toifa odob-axloqda riyozat ila nafsni isloh etish, shahvat va orzularni tark qilishga alohida ahamiyat berishlari lozim. Uchinchisi, xos xususiyat ahli - bu toifadan qalb pokligiga erishish, sirni pinhon saqlash, ahdga vafo etish, vaqtlarini zoye ketkizmaslik, xavotirga berilmaslik talab etilgan. Albatta, Navoiy g'azalining matla'sidagi fikr oddiy odamga, ya'ni dunyo ahliga qaratilgan. Shoir ilgari surgan bosh maqsadni dalillash uchun ko'proq oddiy kishilar ongu shuurida o'rnashib qolgan, «Birovning farzandi birovga farzandlik qilmaydi», degan qarashga asosan ish tutadi:

Sen o'z xulqungni tuzgil, bo'lma el

axloqidin xursand,
Kishiga chun kishi farzandi hargiz bo'lmadi farzand.
Bunda axloq farzandga qiyoslanib, uni farzand yanglig' tarbiyalash zarurligi ham ta'kidlangan. Ikkinchi baytdagi «Zamon ahlidin o'z payvand» - «zamon ahlidin aloqani uzgil» degan talab qandaydir g'alati eshitiladi. Umuman olganda, shoir zamon ahliga yaqin bo'lishni inkor etayotgani yo'q. U zamona zayliga qarab turlanib-tuslanaveradigan subutsiz zotlardan uzoqlashishga chorlayotirki, bu ham axloqsizlik jabridan forig' bo'lishning muhim bir sharti sanaladi:
Zamon axlidin o'z payvand, agar desang birov birla
Qilay payvand bore, qilmagil noahl ila payvand.
Ko'ngul yo'li - toza, nurli va sharafli yo'l. Qo'ngil orzulari eng go'zal va eng umidli orzular erur. Chunki ko'ngil - ma'naviy-ruhiy hayot tamali va g'aybiy mukoshafa beshigi. Lekin inson ko'ngil nomi bilan goho turli xato va adashishlarga yo'l qo'yadi. Ko'ngil amridan havou havas zavqini farqlay olmaydi. Navoiy «ko'ngul komini qo'y», deganda masalaning shu jihatini nazarda tutadi. Ammo shoirning «devona» ko'ngli - bu boshqa bir ko'ngil. U ishq quvvati va shiddatidan parchalangan. Uning har bir parchasini bir itga ravo ko'rish - bu ham sodiqlik

va vafo belgisi:

Ko'ngil komini qo'y, gar xud mening devona ko'nglumni

Toparsen uyla yuz parkandu sol har itga bir parkand.

«Ko'ngil»ning istak-xohishlariga bo'ysunganlar odatda boshqalarning fikr-mulohazalari bilan hisoblashmaslikka moyil bo'ladilar. Eshitishga emas, ko'proq so'zlashga, iqror bo'lishga emas, ko'proq inkor etishga o'rinadilar. Bunday holatda hatto pand-nasihatlari ham nazar-pisand qilinmaydi. Bu, xususan, yoshlikda va «nafs tavsani»ga minganda, kibr va g'urur bandalarida ko'proq ko'zga tashlanadi. Quyidagi so'zlar Navoiy zamonida qanday ahamiyatga ega bo'lsa, bugun ham xuddi o'shanday qimmatga ega:

Eshitmay xalq pandin, turfakim pand elga ham dersen,

Qila olsang eshitgil pand, sen kim, elga bermak pand.

Xo'sh, bunday moumanlik va sarkashlikka sabab nima? Bosh sabab, nafs va tama. Tamadan poklangan kishi – qanoat tojini kiygan kishi. Navoiy:

Bu foniy dayr aro gar shohlig' istar esang, bo'lg'il

Gadolig' nonig'a xursandu bo'lma shohg'a hojatmand, —

der ekan, haqiqatda ham insonni shohlik

maqomiga ko'taruvchi qanoatni ulug'laydi. Zero, nafsni mag'lub etguvchi bir qalqon ham qanoat. «Nafs» so'ziga e'tibor beradigan bo'lsak, u biror narsaning mavjudligi, haqiqati, zoti va o'zligi degan ma'nolarni ifodalaydi. Oddiy xalq tilida «nafs» kalimasi turli ma'noda qo'llanilib, goho bir-biriga zid ma'noni ham bergan. Masalan, bir toifa nafsni ruh deb tushunsa, yana boshqa bir guruh muruvvat, odamiylik va mavjudlik quvvati deya anglagan. Tasavvuf ahlining qarashlari esa bularning birortasiga ham muvofiq emas. Umumiy nuqtai nazar bo'yicha, nafs (nafsi ammora) barcha yomonlik, chirkinlik va gunohlarning doyasidir. Junayd Bog'dodiy: «Kufrning asosi - nafsning murodi erur», desa, Abu Sulaymon Daroniy: «Nafs ham xoin, ham g'anim erur. Eng yaxshi amal unga qarshi ko'rashmoqdir», deydi. Navoiy ham xavfli dushman, g'animni band aylash mumkin, lekin nafsni taslim etish behad dushvor, deya ta'kidlaydi:

Bo'lub nafsingga tobi', band etarsen tushsa dushmanni,

Senga yo'q nafsdek dushman, qila olsang ani qil band.

Sirtdan qaralganda, bu fikr-mulohazalarning keyingi baytdagi ma'noga uncha aloqasi yo'qdek ko'rinadi. Biroq «shakar lablar tabassumi»ga asir aylab, keyin yig'latguvchi aslida makkor nafsdir:

Shakarlablar tabassum qilganin ko'rgach

ko'ngil berma

Ki, bedillarni achchig' yig'latur oxir bu shakkarxand.

Jahon lazzatlari chindan ham totli bo'lgani uchun undan mehr ipini uzish behad qiyin. Chunki bu o'tkinchi dunyo inson farzandini suyab - avraydi, avrab - sehrlaydi. Turfa-turfa quvonchu shodliklarga yo'l ochib o'ziga taslim aylay-di. Biroq «dunyo manim» degan, jahon molin yiqqanlarga ham u baribir vafo qilmaydi. Hamma-hammasi bir tushga o'xshab o'tadi-ketadi. Shunda inson havas va g'ururlarga tobe bo'lganini, uni moddiy manfaat va huzur-halovat aldaganini tushunadi. Shu vaqtda bag'rida afsus-nadomat, hasrat o'tlari yonadi. Navoiy voqiflikni shunday fojeaning oldini olguvchi chora o'laroq talqin etgan:

Jahon lazzatini shirin ko'rarsen, lek bandingdur,

Giriftor o'lma, voqif bo'lki, qaydu qand erur monand.

Bu dunyoning ishlari juda g'alati: shirin-achchiqqa do'nadi, quvonch g'am-g'ussaga sabab bo'ladi, xatarsiz ko'ringan nafslardan goho boshga balo toshlari yog'iladi va hokazo. Nega shunday? Negaki, odam farzandi «nafs ila dunyoga dil» berish ne oqibatlarga olib borishini bilish va riyozat chekib chuqur mushohada yuritishga hech payt belni mahkam bog'lamaydi. To'g'rirog'i, bunga ko'pchilik sabr-qanoat qila olmaydi. Ana shundan g'aflat, jaholat, zulm, riyo, adovat singari o'nlab balo va ofatlar yuzaga qalqib chiqadi. Bular orasida jahl va jaholat eng xavflidir. Ehtimol, jahl ildizini tub-tubidan quritishga sherning quvvati yetmas. Ehtimol, johillik nazm bog'i «shakkaristoni» degan tushunchani umuman tan olmas. Balki Hazrat Navoiyning:

Ko'nguldin jahl ranji dofii gar istasang, bordur,
Navoiy bog'i nazmi shakkaristonida ul gulqand, -

degan tavsiyalari shunchaki shoirona lutf bo'lib tuyular. Ammo har qanday ehtimol va taxmindan forig' bir haqiqat shuki, Navoiy she'riyati - ko'ngilni poklovchi, undan jahl va g'azab, qahr va zulm ranjlarini daf etishga qodir she'riyat. Buni biz qancha yaxshi bilsak, ma'naviy hayotimizdagi muammolar shuncha tez o'nglanadi va eng qiyin jumboqlar ham oson hal etiladi.

Alisher Navoiy g'azallarining mavzular olami va g'oyalar ko'lami

Ma'lumki, inson farzandi uchun dunyoda hurlikdan ko'ra oliy saodat yo'q. She'riyatdagi eng go'zal hissiy kechinmalar tasviri hurlik zavqi yoki hurlik holatlarida paydo bo'lgan. Nima uchun insonga komil bo'lish taqdir qilib belgilangan? Nima uchun u bir umr shu yoʻlda ranj va zahmat chekib yashaydi? Buning javobi bitta: toʻla maʼnoda erkin boʻlish istaydi. YAʼni fikrda, ishda, yashashda hurlikni qoʻlga kiritish - komillikning tamali ana shu. Balandparvozroq boʻlib tuyulsa ham aytish kerakki, erkinlik yoʻli - maʼno va maʼnaviyat, haqiqat va ruhoniyat yoʻli. Faqat hurlik maslagiga sohib odamgina Ollohning amr-buyruqlarini toʻgʻri anglash va Haqni botildan ajratishga qodirdir. Erkinlik chiroyli gap emas, balki amaliy tajriba erur.

Azizuddin Nasafiyning taʼkidlab yozishicha, «Hur boʻlmish komil inson sakkiz narsada mukammallikka erishmogʻi lozim. Bular: yaxshi soʻz, boligʻ (balogʻatli) fikr, toʻgʻri faoliyat, goʻzal axloq, maʼrifat, tark salohiyati, uzlat, qanoat va homul (majhullik)dir. Ana shu sakkiz unsurni oʻzida shakllantirgan kishi komil va ozod, yetuk va hurdir». Oddiy koʻringan bu sakkiz «unsur»ning birinchisidayoq kishi oʻzining ojizligi, axloq va faoliyatda, albatta, noqislikka yon berishni namoyish qiladi. Demak, hurlik deganda, eng avvalo, fikr salohiyati, axloq goʻzalligi, toʻgʻri amal va maʼrifat darajasi nazarda tutilmogʻi shart. Zero, fikr-saviyasi past, maʼrifatsiz kimsaning hurlikka talpinishi xosiyatsizdir. Ong va qalb hayotidagi koʻp ojizliklar erk masalasini behad tor anglashga borib taqaladi. Alisher Navoiyning har bir gʻazalida shunday mahdudlikka qarshi botiniy isyon bor.

Navoiy koʻp gʻazallarida hurlik mohiyatiga tayanib fikr bildiradi, hurlik maslagi shakllangan lirik «men»ning soʻz va holatlarini kutilmagan timsol, tashbih va majozlar vositasida tasvirlaydi. Ilk dafʼa «Badoyeʼ ul-bidoya» devonidan oʻrin olib, «Xazoyin ul-maoniy» tartib berilganda «Faroyib us-sigʻar»ga kiritilgan «Kiyik charmi zaif egnimga majnunligʻ nishoni bas» misrasi bilan boshlanadigan toʻqqiz baytli gʻazal shunday sheʼrlardan biri. Uning ilk baytini oʻqishdanoq zukko sheʼrxon gap nima haqida borayotgani, nima uchun shoir zaif vujudiga «majnunlugʻ nishoni» oʻlaroq aynan «kiyik charmi»ni oʻylayotganini oson ilgʻaydi. Zero, kiyik - toʻla maʼnodagi erkinlik timsoli. Shu bois ham «kiyik charmi» zarracha boʻlsin, «majnunligʻ nishoni»ga monelik qilmaydi. Majnun - junun kalimasidan paydo boʻlgan. Junun esa, aslida yashirinish va berkinish demak.

Tasavvufda ilohiy ishqdan sarmast boʻlish, aqlu hushdan begonalik holiga junun deyilgan. Junun - kamoli ishq va erkinlik kamoli. Hech bir davr va zamonda jamiyat junun kamolini quvvatlamagan, quvvatlashi mumkin ham emas. Chunki «Junun toshi sinuk boshim oʻza qush oshiyoni bas», degan darajaga koʻtarilgan kishining bu orzusi jamiyat ahliga tushunarli emas.

Hamma zamonlarda ham oddiy odamlar

jamoasi kechishni emas, erishishni, uzlatni emas, hamjihatlikni, mutlaq hurlikni emas, o'zaro bog'liqlikni ma'qullaydi. Bunda hur va ozod bo'la olish, chinakamiga hur va erkin yashash hammaning ham qismatiga bitilmaganini oldindan bilish kerak. Yunus Emro bir she'rida «Menda bir Men bordir, «Men»dan ichkari», deydi. Aslida haqiqiy ishq va hurlik sohibi o'zlikdan yuksak ko'tarilgan ana shu «Men»dir. Navoiy boshqa bir g'azalida:

Tanimga choklar ochti, ne ayb, agar ulsam
Ki, ruh bulbulining loyiqi emas bu qafas, -

deganida xuddi o'sha «ichkari»dagi «Men»ning hukmini ifodalagan. Bu «Men» hamma narsaga boshqacha qaraydi, hamma narsani mutlaqo o'zgacha holatlarda idrok etadi. Masalan, uning nurga munosabatini olaylik. Ko'zning nuri ko'radi, biroq ko'rsatmaydi. Oy, quyosh, yulduz yoki olovning nuri ko'rsatadi, ammo ko'rmaydi. Faqat Haq Taoloning nuri ham ko'radi, ham ko'rsatadi. Demak, Haq nuri ila ko'rish, bilish va mushohada aylash oshiqni hatto ayrim nabilar va rasullarga muhtojlikdan ham xalos qilishga qodir. Qo'yidagi baytlardagi murojaatlarda shunday haqiqat yashirindir:

Damingni asra, ey Isoki, ranjim daf'ig'a har kun,
Fizo ul oy qilichi zaxmining bir qatra qoni bas.

Ma'lumki, Iso Ruhulloh o'zining nafasi

bilan o'likni ham tiriltirgan. Fazal qahramoni esa Iso dami – nafasini go'yo nazarga ilmaydi. YA'ni, «Mening ranjim shifosi uchun ma'shuqam qilichi zahmining qatra qoni kifoya», deydi.

Navbatdagi bayt ma'nosi ham shunga o'xshash:

Senu hayvon suyi, ey Xizr, tutqil tarki jonimkim,
Manga yor ollida o'lmak hayoti jovidoniy bas.

Bundoq qaralganda, Xizrga nasib etgan obi hayot - abadiy tiriklik uchun naqd narsa. Navoiy tasviridagi oshiqda bunga ham ishtiyoq yo'q. U hayoti jovidoniyga o'lim orqali erishmoqchi. Yor oldidagi bu «o'lim» ham poklik, ham vafo, ham ruhni ravshan etguvchi ma'rifiy tiriklik mazmuniga ega. Bunda boshqa haqiqat ham bor, albatta. Xizrning olami - olami visol erur. Va istilohi so'fiyada Xizr bast (yolvorish, rijo)dan kinoyat erur. Ushbu g'azal alohida diqqatga molik qanoat va tark tuyg'usi bilan bitilgan. Shu bois unda ko'pchilikka uncha qizig'i yo'q biror narsa uchun, ko'pchilikni qiziqtiruvchi ikkinchi bir narsa inkor etilib boriladi. Shohlik taxti va izzati kimni o'ziga jalb qilmaydi, deysiz? Jahonning katta amal va baland martabalariga ochiq ko'z ila qaray olgan, hurlikning afzalliklarini to'g'ri baholashga qodir kishi, hech shubhasizki, g'azal qahramonining «Agar jahonning amalu mansablari shu bo'lsa, menga baxtsizlik quyida xorlik xokdoni bas», deyishiga aslo e'tiroz

bildirmaydi:
Shahu izzat saririkim, agar budur jahon johi,
Manga idbor qo'yida mazallat xokdoni bas.
Oshiq ko'ngli - xolis ko'ngil. Xolisligi shundaki, unda ishqdan o'zga biron narsa o'rin topmaydi. Chunki oshiqning boyligi ham, davlati va saltanati ham ishqdir. Faniylikda esa bunday birlik bo'lmaydi. Istang-istamang, «diram fikri»dan forig' bo'lish mushkul. Shu o'rinda bir narsani takidlab o'taylik. Moddiy boylikning o'z-o'zicha hech qanday zararli joyi yo'q. Lekin boylikka havasdan hirs, hirsdan hasrat tug'ilishi muqarrar. Hamma gap mana shu kulfatdan o'zini muhofaza eta olishda. Mol-davlatga qul bo'lmagan odam dunyoparastlik xirsiga berilmaydi. Navoiy ko'nglidagi «dog'i nihoniy»ni soflik, vohid maqsaddan chalg'imaslik mazmunida talqin etib, deydi:
G'aniyu ko'nglida pinhon diram fikriyu ishq o'ti,
Mening ko'nglumda kuydurgan necha dog'i nihoniy bas.
Tasavvuf odobi bo'yicha tarki dunyo qilgan kishi tarki uqboga ham erishmog'i lozim. Jannat xayolidan yiroqlik o'z-o'zidan voqe bo'lmaydi. Balki diydortalablik ehtiyojini ifodalaydi. Va solik butun borligi ila «Har ne qilsang, oshiq qilg'il parvardigor», deya yolvoradi.
Naql qilinishicha, Hazrati Dovud kuy chalib, qo'shiq aytganda eng xushovoz qushlar uning

yelkasiga kelib qo'nisharkan. «Lahni Dovudiy» Dovud nag'masi Dovud payg'ambar kuy va qo'shiqlarining benihoya go'zal va orombaxshligiga ishoratdir. «Dayr» - insoniyat olami. «Jomi mug'oniy» orif va avliyolar jomi. Navoiy navbatdagi baytda "Ey jannatparast, kavsar suvi ham, jannat eshigini ochuvchi lahni Dovudiy ham senga bo'lsin, menga hayot gulshani ichra mug'anniy ohanglari-yu, orifu avliyolar suhbatidan fayz yetsa bas", degan fikrni ilgari surgan:

Sanga kavsar suyiyu lahni Dovudiyki, dayr ichra 17 bet.

Mug'anniy nag'masi birla manga jomi mug'oniy bas.

Shoh va faqir tazodi mumtoz adabiyotimiz uchun bir an'anaga aylangan. Bunda shohlik saltanatidan faqrlik saltanati hamisha ustun qo'yiladi. Faqr ikki ma'noni aks ettiradi: birinchisi, kambag'allik, yo'qsillik, boylikka muhtojlik. Ikkinchisi, insonning har jihatdan Ollohga ehtiyojmanlik sezishi. Shu ma'noda ko'p mol-davlatga ega kishilar ham faqir deyiladi. «Risolai Qushayriy»da yozilishicha, faqr avliyoning shiori, asfiyoning (sof kishilarning) ziynati va Haq do'stlarining xislati erur. Shu bois Haq xalqni faqirlar vositasida ko'rur. Faqrlikning hurmati va barakotidan xalqu xaloyiqning rizqini oshirar. Faqir - barcha yomon fe'llardan qutulib, yaxshi xislatlar ila g'aniylashganligi uchun fano holiga sodiqdir. Navoiy shunday fikr-qarashlarga asoslanib faqru fanolikni ulug'laydi:

Havodis daf'ig'a shah ko'k hisori uzra gar chiqsun

Ki, faqr ahli uchun dayri fano dorul-amoni bas.

Faqir bilan so'zlashganda, sevgi va muhabbat tili bilan so'zlashmoq kerak. Chunki faqir ishqni Ollohga vosil etadigan bosh va dahlsiz yo'l hisoblaydi. U fano filloh maqomiga ko'tarilgan, o'zini dunyoviy va uxroviy bir borliq sifatida ko'rmaydi. Ana shunda u «Huru jannat» orzusini xayolga ham keltirmaydigan darajada ma'nan yuksaladi. Navoiy kavsar suvi bilan boshlangan fikrni go'yo xulosalab, g'azal makta'sida har narsadan Hak jamolini ustun ko'rishni ta'kidlaydi:

Navoiydek o'lar holimda demang huru jannatdin,

Sezing barchaki, bu ovorag'a bir ko'rmak oni bas.

Tasavvufda o'tkinchi dunyo va u bilan aloqador har qanday tobeliklardan qutulib, ma'naviy hurriyatga yetishgan kishiga Ozod deyilgan. Muxtasar tahlil etganimiz g'azalda ham Hazrat Navoiy Ozod shaxsning fikr-qarashlarini aks ettirgan. Hurlik va erkinlik tushunchalarining asl mohiyati va talablarini puxta bilish uchun bunday g'azallarga qayta-qayta murojaat etish zarur.

XULOSA

Yetuk adabiyotshunos va ayni zamonda asl navoiyshunos olim Ibrohim Haqqul tomonidan yozilgan maqolalarning deyarli birortasi yo'qki, shaxs, uning jamiyatdagi maqomi va umuman shaxsiyat tushunchalari tilga olinmagan bo'lsin. Kuzatishlar shuni ko'rsatdiki, uning Abdulla Oripov, Usmon Azim, Shavkat Rahmon ijodiga bag'ishlangan ilk maqolalaridayoq bu masalaga e'tibor qaratganini to'kis isbotladi. U hech qachon va umuman adabiy asarni uning muallifidan, muallifni esa shaxsiyatidan va asardan alohida olib qaramaydi. Bu bejiz emas, chunki shaxs va shaxsiyat kuchli, shaxs qat'iyatli bo'lmasa, undagi iste'dod o'zini to'la namoyon qila olmasligi tabiiydir. Qachonki iste'dod va shaxsiyat o'zaro muvofiq kelsa, bu qutblar aynan bir-birini taqozo etsa, yaxlit butunlikka erishsa, o'shandagina ijodkor o'zidan yorqin iz qoldira oladi. Shuning uchun ham olim ana shunday yorqin shaxsiyatlarga alohida e'tibor beradi, ularning asl mohiyatini ochib berishga intiladi. Mansur Xalloj, Ahmad Yassaviy, Najmiddin Kubro, Farididdin Attor, Jaloliddin Rumiy, Alisher Navoiy, Zahiriddin Muhammad Bobur, Boborahim Mashrab, Ahmad Donish, Sadriddin Ayniy, Oybek, Abdulla Qahhor kabi buyuk so'z san'atkorlari va tasavvuf arboblari hayoti va faoliyati, ilmiy-adabiy merosini tadqiq etar ekan, ularga iste'dod va shaxsiyat uyg'unligining yorqin timsollari sifatida qaraydi. Ular haqida har gal yozganida yangidan tayyorgarlik bilan kirishadi, ijodi va shaxsiyatining yangi qirralarini ochishga harakat qiladi, avvalgi fikru qarashlarini rivojlantiradi, to'ldiradi. Bu, albatta, har bir olimdan yirik tayyorgarlikni talab qilishi tabiiy hodisa, boisi, busiz mumkin emas, masalaning tub mohiyati yechimini har tomonlama chuqur bilim, ulkan iqtidorgina amalga oshira oladi.

Alisher Navoiy g'azalari tahlili borasida ustozimiz – yetuk adabiyotshunos va zukko olim Ibrohim Haqqqulning xizmatlari o'ta samarali hamda salmog'i jihatidan o'ziga xos qator jihatlari bilan ham namuna, ham ibrat bo'larli oliy darajadadir. Olimning Alisher Navoiy she'riyati borasidagi kuzatuvlari ayniqsa, tadqiqotlari o'zining alohida yo'nalishiga ega. Navoiyshunoslik fanida bu yo'nalish o'z maqomiga, olim yaratgan ilmiy tadqiqotlar, izlanishlar, kuzatuvlarning o'zi bir maktab, Navoiy g'azallarining xos sharhlari, izohlari, tahlillari shoir ijodining xos sharhlari, izohlari, tahlillari shoir ijodining ichki sirli olamini anglashda tayyor dasturul amaldir. Ibrohim Haqqulning nashri amalga oshirilgan zalvorli tadqiqotlaridan Alisher Navoiy she'riyatiga taalluqlilarini qarab chiqishga harakat qildik:

Alisher Navoiyning "bor" radifli g'azali

tahlili Ibrohim Haqqul qalamiga mansub bo'lib, bu g'azal sharhi "Alisher Navoiy. G'azallar. Sharhlar" kitobidan o'rin egallagan. Biz birato'la to'rt o'rinda "ko'z" so'zi takrori mavjud beshinchi baytga e'tibor qaratdik:
"Kechib ko'zdin yozay bir xatki, dahr ahlig'a ko'z solmay,
Bu damkim ko'z savdodin qaro, ko'zdin davotim bor".

Bu haqda Ibrohim Haqqul yozadi: "Nega ko'zdin kechib "bir xat" yozish kerak? Faqat dahr ahliga ko'z solmaslik uchunmi? Yo'q, albatta". Shu o'rinda tamoman boshqa bir bayt keltirilib, bayt sharhi ushbu so'zlar ila tugatiladi: "Ko'zdin kechish va "ko'z savodi"ga oid haqiqat asosan mana shu". Biz ham o'zimizcha aynan shu baytni izohlashga harakat qildik, oshiqning "Kechib ko'zdin yozay bir xatki" deya murojatidan murod ko'zni fido qilib, ko'z ila ma'shuqa nomiga xat yozishga ishoradir, ko'z inson uchun eng aziz narsa, ammo oshiq ma'shuqa uchun undan kechishga shaydir. Ibrohim Haqqul: "Faqat "dahr ahlig'a ko'z sol"maslik uchunmi?" – deya savol ila xitob etishda jon bor, chunki dahr ahli – olam ahli, atrofdagi haloyiq, umuman xalq, ma'shuqa bois oshiqning ko'ziga hatto olam ahli ko'rinmaydi. Bunga bois, sabab ma'shuqa, oshiq ma'shuqa hayoli ila band, uni boshqa voqea-hodisa qiziqtirmadi, hatto atrofidagi dahr ahliga ham mutlaqo e'tiborsiz. Ikkinchi misradagi "ko'z savodi", umuman savodning ushbu xil ma'nolari mavjud: qoralik, qora tusli; qorong'i, qorong'ilik; xat-savod, yozuv; shahar, o'lka, tevarak, hudud va b. Ammo baytdagi ma'no "ko'z savodidin qaro", ya'ni ko'z qorasidan ham qora, to'g'rirog'i bu o'rinda qora ma'nosi yetakchi. Misra davomida buning isboti ko'rinadi, ya'ni: "ko'zdin davotim bor" – ko'zdan siyohdonim bor, aniqrog'i ko'z qorasidan ham qora va qop-qora ko'zdan siyohdonim bor deyilmoqda. Goho bir so'zning baytaro ko'p takrori goho mazmunga, mavzuga, g'oyaga teskari ta'sir etish ehtimoli bor, ammo baytda to'rt bor takrorini topgan "ko'z" so'zi aksincha ta'kidni kuchaytirib, mazmunni boyitishga xizmat qilgani ochiq-oydin isbotini topib turibdi. To'rt karra qaytarig'ini topgan "ko'z" aslida qaro (qora) so'zi atrofida jisplashib, mazmunni yetakchi maqomga olib chiqmoqda, ko'zlangan maqsadni qo'llab-quvvatlash barobarida, uni chunon ko'chlantirmoqda.

Ibrohim Haqqulning "Abadiyat farzandlari"kitobida Alisher Navoiyning bitta g'azali sharhini topgan bo'lsa, "Tasavvuf va she'riyat"kitobida shoirning oltita g'azalini tahlil nazaridan o'tkazadi. Olimning navbatdagi kitobi "Irfon va idrok" da Alisher Navoiyning to'rtta g'azali atroflicha, sinchkov, sharhlab, g'azallar g'oyasidan kelib chiqilib taalluqli va foydali xulosalar o'rtaga tashlanadi. Bu borada hassos olimning "Navoiyga qaytish" asari o'zining alohida qimmatiga egaligi ila ajralib turadi. Asarda o'ndan ziyod Navoiy g'azallari, shuningdek, ruboiylar va qiyoslari sharhlanib, ularning ichki g'oyaviy yo'nalishi, tanlangan mavzuning teran ko'lami, timsollar sirli va sehrli olamiga urg'u berilib, o'tkir mulohaza va mushohadalar bildiriladi. Olimning yangi kitoblaridan biri "Ishq va hayrat olami" bo'lib, uning mundarijasidan "Alisher Navoiy g'azallar sharhi va talqinlari" (–B.7–96) hamda "Ruboiy, qit'a va fardlari sharhlari" (–B.97–154) nomli boblar o'rin egallagan. Asarda Alisher Navoiyning oz emas, ko'p emas o'n oltita g'azallari obdon ipidan ignasigacha sharhlanib, har bir g'azalning botiniy va zohiriy ma'nolari atroflicha tahlil etilib, ularda tasvirini topgan har bir timsolning mavqei hamda maqomigacha belgilab beriladi. Bu esa Alisher Navoiy g'azallari tashigan olamshumul g'oyalarni g'azalxon anglashi uchun amalga oshirilgan xayrli ishlarning ko'rkam natijasidir.

Ibrohim Haqqul ko'plab o'zbek adiblari bilan suhbatlashib, ularning adabiyot va ijodga doir fikrlarini ixlosmandlarga hamda adabiyot muhiblariga yetkazishda katta xizmat qilgan adabiyotshunoslar safida turadi. Adabiyotshunosning "Abadiyat farzandlari"(1990) asari bu borada alohida ajralib turadi, unda olimning shoirlardan Abdulla Oripov (–B. 165–175) va Rauf Parfi (–B.175–

189) ila suhbati mavjud. To'g'ri asarning asosiy qismi Alisher Navoiy ijodiga taalluqli maqolalardan iborat. Ammo asar mundarijasidan Ibn Sino (–B.67–92), shoir Gado (–B. 60–67), Yunus Emro (–B.92–100) xususidagi maqolalar va kuzatuvlar ham o'rin olgan. Shoir Abdulla Oripov ila suhbat asos e'tibori bilan Alisher Navoiy ijod olamiga taaluqli bahsu munozaralarga bag'ishlangan, unda Navoiy ijodiyoti tevaragida qimmatli fikrlar o'rtaga tashlandi. Shuningdek, Navoiy ijodining istiqlolgacha va istiqloldan keyingi holatiga ham urg'u beriladi, . Tabiiy savol Ibrohim Haqqulga tegishli, javob esa A.Oripovga taalluqli, lekin aslida savol orasida javob bo'lgandek, javobga goho savol ham beriladi. Ushbu ajoyib suhbatning nomi: "Vatan ichra yana bir vatan" deyiladi, savolda buyuk san'atkor, ayni zamonda shoir, yozuvchi, olim va mutafakkir deyilsa, javobda Alisher Navoiy "turkiy xalqlarning mislsiz dahosi" deya g'oyat rost va haqiqiy baho beriladi.

Ibrohim Haqqul: "...Dohiy (Alisher Navoiy) sanatkorning tug'ilishi – bu, umumdunyo adabiyotidagi Inqilob" (–B.165) – desa, Abdulla Oripov: "...turkiy xalqlarning mislsiz dahosi..." (–B.165) – deydi va suhbat ibtidosining o'zi juda e'tiborga molik va kitobxonda qiziqish uyg'otadi. Savolda: "Navoiyda ... fikrli ko'lam poyonsiz" (–B.166) –

deyiladi, mutlaqo qanoatlantirmayotir, chunki buning uchun maktablarga mutaxassis tayyorlayotgan oliygohlar zimmasiga mas'uliyat yuklatish lozim.

Alisher Navoiy g'azallarida yig'i, yig'lash, yig'lamoq bilan vobasta o'rinlar juda ko'p, ayni shu mavzulalarga ham taniqli olim Ibrohim Haqqulning taalluqli fikrlari borligini kuzatdik. Olim bir o'rinda yozadi: "Yaqinda bir talaba menga: "Ustoz, o'tmish shoirlarimiz nega yig'i haqida buncha ko'p yozishgan? Qaysi shoirning she'rini o'qimang yo "yig'ladim" yo "yig'larman" deydi. Yig'ida ham bir meyor bo'lishi kerakmi yoki yo'qmi?" – deb savol berdi. Bu kulgu va shodlikka o'chlikdan emas, mohiyatni anglash istagidan tug'ilgan savol bo'lgani uchun men masalani tarixan, ya'ni din va tasavvuf bilan bog'liqlikda izohlashga harakat qildim. Kulgidan kulgu, shodlikdan shodlik farq qilganidek, alamdan alamning, yig'idan yig'ining ham farqi bor. Albatta, biz uning farqlarini bilishimiz lozim. Bursali Ibrohim Haqqiy yozadi: "Ko'z yoshining maqbul va manzuri ishq tufayli sel bo'lib oqqanidir. Dunyoviy va nafsoniy niyatlar uchun to'kilgan ko'z yoshining Olloh oldida hech qanday qiymati yo'qtur... Avom ila xavasning yig'isi orasida ko'p farq bordur. Zero, har kimning yig'lashi ilm va tushunchasiga ko'ra... Xullas, yig'lashni ayblab va yig'laganni rad qilgan jaholatga taslim bo'lib, xavas – (xos kishilar)ning holini avomga o'xshatgan bo'lur". Ibrohim haqqulning "G'azal gulshani" risolasi tom ma'nodagi suhbatlar injusi, fikrlar marvaridi, ilmlar shodasi Ibrohim Haqqulning ushbu risolasi yetuk navoiyshunos, mumtoz adabiyotimizning teran bilimdoni Abduqodir Hayitmetov suhbat bilan boshlanadi. Bu suhbatning asosini Navoiy g'azaliyoti, uning badiiyati, undagi timsollar olami, g'oyalar ko'lami kabi muammolar qamrab oladi. Suhbat A.Hayitmetovning so'zlari ila boshlanadi, olim Alisher Navoiyning turkigo'y shoirlardan Lutfiy, Muqimiy, Sakkokiy, Atoyi, Gado ijodiga munosabati va ular an'anasining davomchisi ekanini qayd etadi. Bu ro'yxatga Navoiyning o'zi e'tirof etgan "Gul va Navro'z" va "Gulshan ul-asror" muallifi Haydar Xorazmiy, "Dahnoma" va "Chog'ir va bang" muallifi Yusuf Amiriy, "Taashshuqnoma" muallifi Sayid Ahmad, "O'q va Yoy" muallifi Yaqiniy, hatto "Hibatul – haqoyiq" muallifi Adib Ahmad hamda boshqalar ham ilova etiladi. Shu bilan qatorda ustoz A,Hayitmetov aynan Alisher Navoiyning fors-tojik adabiyoti namoyandalari ijodidan bahramandligini ham e'tirof etib o'tadilar. Ayni zamonda Navoiyning mashhur qit'asida zikrini topgan Xusrav Dehlaviy (1253-1325), Hofiz Sheroziy (1325-1389) va Abdurahmon Jomiy (1414-1492)lar g'azaliyotidan ta'sirlangani tilga olib o'tiladi. "Ammo bu, Navoiy g'azalchiligining barcha xususiyatlarini, g'oyaviy-badiiy yo'nalishning hamma tomonlarini shu uch shoir belgilab bergan degan gap emas" (–B.3). "Muhokamat ul-lug'atayn"da masalan fors-tojik ijodkorlaridan ko'plari tilga olib o'tiladi. Ibrohim Haqqulning fikricha: "Navoiyning lirik qahramoni hayotga, insonga, davr va muhitga haqparast oshiq nazari bilan qaraydi" (–B.4.). Oshiqlik isboti uchun so'z sehriga mehr, ruhiyatda yuksaklik, so'zga sayqal berish, so'z ustida qunt ila ishlash Navoiy hayotdagi va adabiyotdagi shiori edi.

Har ikki olim suhbatida g'azal mavzui, g'azal g'oyasi, adabiyotning vazifasi, g'azal janri rivojidagi Navoiyning o'rni va maqomiga jiddiy e'tibor qaratiladi. Domla A.Hayitmetov o'z fikri bayonida Navoiygacha turkiy g'azaliyotda may mavzuiga kam e'tibor qaratilgani, lekin Navoiyda fors-tojik g'azaliyoti yalovbardorlari Rudakiy va Hofiz kabi may timsolini ishqu muhabbat mavzui darajasiga ko'targanini ochiqcha uqtiradi. I.Haqqul fikrlarida quyidagi holatlar yetakchilik qiladi, ya'ni Navoiy g'azaliyotida yaxlit tuyg'u, baytlararo uzviylikning barqarorligi, tasvir tizimida yakdillik ustvorligi, fikriy uyushqoqlikning teranligi bosh mezonga aylangani aytadi. Navoiy g'azalda tasvirlanuvchi holatni hikoyat darajasigacha olib chiqqanini Zahiriddin Boburning ushbu matla'i ila isbotlanishi aytiladi:

O'tgan kecha men erdimu ul siymtan erdi,
Gulshan to'rida maskanimiz bir chaman erdi.
Matla'da I.Haqqul rivoyati bo'yicha: "Tun, gulshan, bulbul bilan guldek ikki yor, may, lola kabi yoqut qadah, goh oshiqning, goho ma'shuqaning qadah uzatishlari – xullas bularning hammasi o'quvchi xotirida saqlanib qoladigan jozibali lirik lavhalardir" (–B.6.). A.Hayitmetov ta'kidlarida Navoiy g'azallari mavzu e'tibori bilan oshiqona, rindona, orifona g'azallarga taqsimlangan. Navoiyshunos olim Navoiy o'z davrining eng ilg'or shoiri va mutafakkiri sifatida she'riyat ijtimoiy-siyosiy hayotga, inson va uning ma'naviy ehtiyojlariga yaqin turishi kerak, degan g'oyani ilgari surdi va o'zi shu aqidaga izchil amal qilganini ta'kidlaydi. A.Hayitmetov va I.Haqqul suhbati, g'oyaviylik va mahorat cho'qqisi sarlavhasiz ostida keltiriladi (–B. 3–10). Suhbat asnosida Navoiyning har bir g'azali she'riy mahorat obidasi, shoir g'azallarining badiiy imkoniyatlari boyligi, turkiy til nafosati Navoiy g'azallarining badiiy barkamolligini ta'minlagani ifodasini topadi. Navoiy g'azallariga mavlono Lutfiy baholari kabi hodisalar ham nazardan soqit etilgan, hatto Navoiy g'azallari ila aytiluvchi "Munojot", "Ushoq", "Sayqal" kuylari, "Kelmadi" radifli g'azalidagi o'lmas va muqaddas tuyg'u singari holatlar ham diqqat markazida turadi. A.Hayitmetov suhbatda Navoiy

lirikasida inson qalbining murakkab, ziddiyatlarga to'la ohanglari atroflicha ifodasini topganini eslatadi. Navoiy o'z sevgilisi ila, xalq ommasi manfaatlari bilan bir jon, bir tan bo'lib qalam tebratadi, hatto xalq manfaati o'z manfaatidan ustun qo'yadi:

Yuz jafo qilsa manga, bir qatla faryod aylaram,
Elga qilsa bir jafo, yuz qatla fard aylaram!

singari baytlarga ham diqqat qaratiladi. Olimning Navoiy she'rlarining ufqi kengligi, o'zining "Navodir un-nihoya" devonidagi g'azallarning birida dunyo kishilariga xayrixohlik, do'stlik hissini izhor etib:

Olam ahli, bilingizkim, ish emas dushmanlig',
Yor o'lung bir-biringizkim, erur yorlig' ish!

– baralla xitobi Navoiy dunyoqarashining lirikasi misolida g'oyat yuqori cho'qqiga ko'tarilganiga aniq va tiniq misol ekanigacha jiddiy kuzatiladi.

A.Hayitmetov kuzatuvlarining mushohadasi keng mulohazasi musaffo, fikrli teranligi tabiiy, olim Navoiyning toq o'tganligi, ammo bundan shoir mutlaqo fojia yasamaganligini jiddiy uqtiradi. Darhaqiqat shoir o'z yoriga erisha olmagan, dunyodan bo'ydoq o'tadi, lekin bular zinhor uni ruhan tushkunlikka yetaklamagan. Navoiy she'riyatida muhabbat avj pallasida

kuylanadi, ishq uning g'azallarining bosh mavzui, yuqori qirrasi hisoblanadi. Navoiy ishq va sevishganlarga hamisha xayrixoh, shoir o'z baxtsizligini hech kimga ravo ko'rmaydi, g'azallaridan birida o'qiymiz:
    Yordin hijron chekar ushshoqzor, ey do'stlar,
    Necha tortay hajr, chun yo'q menda yor, ey do'stlar.
    Aylamang bekasligimni ta'n, bir kun bor edi,
    Menda ham bir nozanin chobuksuvor, ey do'stlar...
    Yorsiz vayronada qon yig'larman oxir, siz qiling –
    Yor birla gashti bog'u lolazor, ey do'stlar...

demak anglashiladiki, Navoiy she'riyatidagi bu xil g'oyaviy va badiiy xususiyatlar shuni ko'rsatadiki, shoir o'z lirik ijodida izchil ravishda insonparvarlik, xalqparvarlik e'tiqodiga amal qilgan. Shu bois ham uning baytu g'azallari faqat o'z xalqi tomonidan emas, balki barcha xalqlar tomonidan e'zozlangan. Ko'pgina xalqlarning qalam ahllari esa Navoiydan lirik ijodda mangulik asrorlarini o'rgandilar. Chunonchi buyuk ozarbayjon shoiri Fuzuliy (1494–1556) o'z g'azallaridan birini quyidagi matla' ila boshlaydi:
    Shifoyi vasl qadrin hajr ila bemor o'landan so'r,
    Ziloli zavq shavqin tashnayi diydor o'landan

so'r.

Biroq Fuzuliydan yarim asr oldin Navoiyning:

Ishq sirrin hajr asiri notavonlardin so'rung,
Aysh ila ishrat tariqin komronlardin so'rung.–

matla'i ila ibtido topuvchi g'azali Navoiyning Fuzuliy she'riyatiga, barcha turkiy xalqlar adabiyoti taraqqiyotiga o'zining barakali, hayotbaxsh ta'sirini ko'rsatganini va ko'rsatib kelayotganini anglash qiyin emas.

FOYDALANILGAN ADABIYOTLAR RO'YXATI

I. **Normativ-huquqiy hujjatlar va metodologik ahamiyatga molik nashirlar**
Karimov I.A. Yuksak ma'naviyat – yengilmas kuch. Ikkinchi nashri.–Toshkent: Ma'naviyat, 2010. –176 b.
Mirziyoyev Sh.M. Erkin va farovon, demokratik O'zbekiston davlatini birgalikda barpo etamiz. – Toshkent: "O'zbekiston", 2016. – 58 b.
Mirziyoyev Sh.M. Tanqidiy tahlil, qat'iy tartib-intizom va shaxsiy javobgarlik – har bir rahbar faoliyatining kundalik qoidasi bo'lishi kekrak. – Toshkent: "O'zbekiston", 2017. – 104 b.

II. **Ilmiy-nazariy adabiyotlar**
Akram, Botirxon. Fasohat mulkining sohibqironi.– Toshkent: O'zbekiston, 1991.–244 b.
Alisher Navoiy.G'azallar, sharhlar. / To'plab nashrga tayyorlovchilar: A.Sharipov, B.Eshpo'latov /. – Toshkent: Kamalak, 1991. – 176 b.
Asadov Maqsud. Oshiqlik tarixi va lirik qahramon xarakteri // O'zbek tili va adabiyoti. – 2021. – № 1. –B. 12–16.
Valixo'jaev B. O'zbek adabiyotshunosligi tarixi.– Toshkent: O'zbekiston, 1993.–192 b.
Jumaxo'ja Nusratullo. Satrlar silsilasidagi sehr. –

Toshkent: O'qituvchi, 1996. –224 b.
Is'hoqov Yo. Navoiy poetikasi.– Toshkent: O'qituvchi, 1983. –168 b.
Navoiy Alisher. G'azallar, sharhlar. –Toshkent: Kamalak, 1991.–176 b.
Kazakbaeva Dilrabo. Alisher Navoiyning rindona tarje'bandi // O'zbek tili va adabiyoti. – 2021. – № 1. –B. 55–59.
Karimov Naim. Ibrohim Haqqul fenomeni // Mohiyatga muhabbat [Matn] : "Tafakkur" nashriyoti, 2019. – B.17 – 22.
Komilov Najmiddin. Tasavvuf. –Toshkent: Movarounnahr – O'zbekiston, 2009. – 448 b.
Nazarov Baxtiyor. Mohiyatga muhabbat // Mohiyatga muhabbat [Matn] : "Tafakkur" nashriyoti, 2019. – B.29 – 45.
Mallaev N.M. Navoiy ijodiyotining xalqchil negizi. 2-nashri.–Toshkent: O'qituvchi, 1980.–174 b.
Mahmudov Jasurbek. "Nasoyim ul-muhabbat"da Pahlavon Mahmud zikri // O'zbek tili va adabiyoti. – 2021. – № 1. –B. 10–16.
Mumtoz adabiyot manbalari lug'ati. Tuzuvchi: Rahmonov V. – Toshkent: "MUMTOZ SO'Z", 2009. – 432 b.
Ochilov Ergash. Rojiy ijodida Navoiy an'analari // O'zbek tili va adabiyoti. – 2021. – № 1. –B. 32–36.
Rajabova Burobiya. Navoiy karam fazilati haqida // O'zbek tili va adabiyoti. –2021. – № 1. – B. 37–41.
Rafiddinov Sayfiddin. Navoiy va botin ilmi // O'zbek tili va adpabiyoti. – 2021. – № 1. – B. 21 –

27. Saidgʻanieva Gulbahor. Navoiy asarlarining yangi tarjimalari // Oʻzbek tili va adabiyoti. – 2021. – № 1. – B.46 – 48.
Sodiqov Zohid. Gʻaybulla Salomov Navoiy asarlarining tabdil va tarjimalari xususida // Oʻzbek tili va adabiyoti. –2021. –№ 1. –B. 41 –46.
Tuxliev Boqijon. Poetik kashfiyot mantigʻi // Oʻzbek tili va adabiyoti. – 2021. – № 1. – B. 7– 12.
Fayzullaev Baxtiyor. Ogahiyning Navoiy Gʻazallariga Tatabbulari // Oʻzbek tili va adabiyoti. – 2021. – № 1. – B. 27–32.
Xudoyorova Munira. Navoiy qitʼalari sarlavhalariga doir // Oʻzbek tili va adabiyoti. – 2021. – № 1. – B. 59 – 61.
Sharafiddinov Ozod. Fikr erkinligim – zarur ehtiyoj [Adabiyotshunos Ibrohim Haqqulga ochiq xat] // Mohiyatga muhabbat [Matn] : toʻplam / "Tafakkur" nashriyoti, 2019. – B. 4 – 12.
Ergashev Qodirjon. "Muhokamat ul-lugʻatayn" va "Mezon ul-avzon" asarlarida ilmiy uslusbga xos xususiyatlar // Oʻzbek tili va adabiyoti. – 2021. – № 1. – B. 16 – 21.
Eshonboboev Abdurasul. Alisher Navoiy ijodi va tarixiy-funksional metod // Oʻzbek tili va adabiyoti. – 2021. – № 1. – B. 51 – 55.
Oʻzbek adabiyoti tarixi. Besh tomlik. 2- tom. – Toshkent: Fan, 1977. – 460 b.
Qudratullaev Hasan. Navoiyning adabiy-estetik olami. –Toshkent: Gʻafur Gʻulom nomidagi

nashriyot-matbaa nashriyoti, 1991. – 160 b.
Hayitmetov Abduqodir. Ibrohim Haqqul // Mohiyatga muhabbat [Matn] : to'plam / "Tafakkur" nashriyoti, 2019. – B.13 – 16.

USTOZ IBROHIM HAQQULOV TADQIQOTLARI:

1. Ibrohim Haqqul. Navoiy she'riyatida tark tushuncha va talqinlari. (Birinchi maqola) // O'zbek tili va adabiyoti. – 2017. – № 1. –B. 10–16.
2. Ibrohim Haqqul. Navoiy ijodida dunyo timsoli va talqinlari (ikkinchi maqola) // O'zbek tili va adabiyoti. – 2017. – № 1. –B. 11–19.
3. Ibrohim Haqqul. Ma'naviy valodat va o'zlik kamoli // O'zbek tili va adabiyoti. – 2021. – № 1. – B. 3–7.
4. Haqqulov I. She'riyat – ruhiy munosabat. – Toshkent: Adabiyot va san'at nashriyoti, 1989. –240 b.
5. Haqqulov I. Abadiyat farzandlari.–Toshkent: Yosh gvardiya, 1990. –192 b.
6. Haqqulov I. «Kamol et kasbkim...» – Toshkent: Cho'lpon, 1991. –240 b.
7. Haqqulov I. Tasavvuf va she'riyat. –Toshkent: Adabiyot va san'at nashriyoti, 1991.–184 b.
8. Haqqulov I. G'azal gulshani (Adabiy suhbatlar). – Toshkent: Fan, 1991. – 70 b.
9. Haqqulov I. Irfon va idrok.–Toshkent: Ma'naviyat, 1998.–160 b.

10. Haqqulov I. Navoiyga qaytish. – Toshkent: Fan, 2007. –224 b.
11. Haqqulov I. Meros va mohiyat. –Toshkent: Ma'naviyat, 2008. – 208 b.
12. Haqqulov I. Navoiyga qaytish. – Toshkent: "Fan", 2007. – 224 b.
13. Haqqulov I. Ijod iqlimi. – Toshkent: fan, 2009. – 388 b.
14. Haqqul, Ibrohim. Ishq va hayrat olami [Matn] – Toshkent: "O'zbekiston", 2016. – 304 b.

USTOZ TUZGAN KITOBLAR:
Navoiy, Alisher. Shohbaytlar. Birinchi kitob. To'plovchi, nasriy bayon va so'z boshi muallifi: Ibrhim Haqqul. – Toshkent: "Fan", 2007. – 244 b.

USTOZ HAQIDA TO'PLAM:
Mohiyatga muhabbat [Matn] : to'plam / Mas'ul muharrir T.Mirzaev. – Toshkent: "Tafakkur" nashriyoti, 2019. – 528 b.

INTERNET SAYTLARI
1. http://ziyonet.uz
2. http://kitob.uz
3. http://kh-davron.uz
4. http://ziyouz.uz

MUNDARIJA:

Kirish ....

I BOB
ILM OLAMI

Ibrohim Haqqul hayot yoʻli va ilmiy faoliyatiga chizgilar.....................
Adabiy maqolalar..
....
Suhbatlar olami...
....
Bob xulosalari..
....

II BOB
RUBOIY VA QIT'A JANRLARI OLAMI

Fard va ruboiylar sharhi...
....
Qit'alar tahlili..
....
Bob xulosalari...
....

III BOB
G'AZALLAR OLAMI

Alisher Navoiy g'azallari tahlili tarixiga bir nazar............................

Alisher Navoiy g'azallarining mavzular olami va g'oyalar ko'lami..........

Bob xulosasi...

Umumiy xulosa..

Foydalanilgan adabiyotlar ro'yxati...

Muxtorova Mahfuza Shavkatjon qizi 1994-yil 15-iyulda Surxondaryo viloyati Sherobod tumanida tug'ilgan.

2015-yil Termiz davlat universitetining O'zbek filologiya fakultetiga talabalikka tavsiya etildi. Talabalik yillarida ko'plab ilmiy-nazariy tanlovlarda faxrli o'rinlarni egallagan. 2019-yili Bobonazar Murtazoyevning ilmiy rahbarligida "Nazm ul-javohir"ning g'oyaviy-badiiy tasviri" mavzusida ilmiy ish himoya qilib bakalavrni tamomlaydi va shu yili o'zi o'qigan universitetda magistraturaga o'qishga kirib 2021-yil tamomlaydi. Magistr talabalik vaqtida ustozi Bobonazar Murtazoyevning ilmiy rahbarligida "Ibrohim Haqqul talqinida Navoiy ijodi" mavzusida magistrlik dissertatsiya ishini yoqlaydi. 2019-2021-yillar oralig'ida magistraturada o'qishi bilan birgalikda Viloyat xalq ta'limi tasarrufidagi viloyat "Barkamol avlod" bolalar markazida "Yosh notiqshunoslik" to'garak rahbari bo'lib faoliyat yuritdi. 2021-yildan Termiz davlat universiteti O'zbek adabiyotshunosligi kafedrasida o'qituvchi lavozimida faoliyat yuritgan. Hozirda 10.00.02 O'zbek adabiyoti yo'nalishida filologiya fanlari bo'yicha falsafa doktori (PhD) ilmiy darajasini olish uchun "Shafoat Termiziy she'riyatida obrazlar poetikasi" mavzusida tadqiqot olib bormoqda va ayni damda ushbu ish himoyasi arafasida turibdi. Bugungi kungacha xorijiy va respublikaning jurnallarida 15 ga yaqin ilmiy maqolalar e'lon qilgan.

Xudoymurodova Xuriyat Muxiddinovna: 1988-yil Surxondaryo viloyatida tavallud topgan. Filologiya fanlari boʻyicha falsafa doktori (PhD), Termiz davlat universiteti Oʻzbek adabiyotshunosligi kafedrasi dotsenti.

Bugungi kungacha 5 ta kitob, 100 dan oshiq ilmiy maqolalar muallifi ham sanaladi. Uning Angliya, AQSh, Germaniya, Yaponiya, Hindiston va Rossiya kabi xorijiy mamlakatlarning ilmiy konferensiya va nufuzli jurnallarida ilmiy maqolalari nashr etilgan.

"Ma'naviyat fidoyisi" ko'krak nishoni bilan taqdirlangan. 2022-yilda Turkiya shahrining Istanbul universitetida, 2023-yilda Ozarbayjonning Boku shahridagi Boku davlat universitetida talabalarga ochiq ma'ruza va seminar-trening oʻtgan. Shuningdek, Antaliya shahrida boʻlib oʻtgan 4-Turk dunyosiga bagʻishlangan kongressda, 2023-yilda esa Ozarbayjonning Boku shahrida boʻlib oʻtgan Mustafo Ota Turk tavalludining 143-yilligiga bag'ishlangan simpoziumda faol qatnashgan.

2022-yilda Turkiyaning "Dumlupinar Bilim Oʻdulu" mukofoti bilan taqdirlangan. Xuddi shu yilda u "Shukur Xolmirzayev" nomidagi 1-Xalqaro hikoyalar g'olibi ham bo'ldi. 2024-yilda esa Milliy reytinglardan QS-reytingi boʻyicha 137-oʻrinda turadigan Malayziya Sains universitetida oʻzbek adabiyoti boʻyicha (taklif xatlari asosida onlayn) "O'zbek adabiyotida ona obrazi" nomli ma'ruza bilan ishtirok etdi.

www.ingramcontent.com/pod-product-compliance
Lightning Source LLC
LaVergne TN
LVIIW010332070526
838199LV00065B/5728